LECTURAS DIARIAS DE

LO MEJOR DE TI

90 días para desarrollar tu grandeza interior

JOEL OSTEEN

PENIEL

Buenos Aires - Miami - San José - Santiago

www.peniel.com

©2010 Editorial Peniel
Todos los derechos reservados.

Ninguna parte de esta publicación puede
ser reproducida en ninguna forma sin el
permiso escrito de Editorial Peniel.

Las citas bíblicas fueron tomadas de la
Santa Biblia, Nueva Versión Internacional,
a menos que se indique lo contrario.
© Sociedad Bíblica Internacional.

EDITORIAL PENIEL
Boedo 25
Buenos Aires, C1206AAA
Argentina
Tel. 54-11 4981-6178 / 6034
e-mail: info@peniel.com
www.peniel.com

Diseño cubierta e interior:
ARTE PENIEL • arte@peniel.com

Publicado originalmente en inglés con el título:
Daily Readings from Become a Better from You
Spanish Language Translation copyright © 2010 by Editorial Peniel.
Copyright © 2008 by Joel Osteen.
All rights reserved.
Published by arrangement with the original publisher,
Free Press, a Division of Simon & Schuster, Inc.

Osteen, Joel
Lecturas diarias de Lo mejor de ti. - 1a ed. - Buenos Aires : Peniel, 2010.
    272 p. ; 23x15 cm.
    Traducido por: Karin Handley
    ISBN 10: 987-557-295-0
    ISBN 13: 978-987-557-295-9
    1. Devocionario. I. Handley, Karin, trad. II. Título
    CDD 242

Impreso en Colombia / Printed in Colombia

Introducción

¿Vives hoy mejor que ayer? ¿Disfrutarás de tu vida mañana más que hoy? ¡Puedes hacerlo! Por tanto si nos va bien o si todo se derrumba ante nuestros ojos, igual queremos ser mejores, más efectivos. Queremos conocer mejor a Dios para ser mejores cónyuges, padres, amantes, mejores para consolar y alentar a los demás; mejores líderes de la comunidad, empleados, jefes y administradores. Ninguno de nosotros despierta por la mañana diciendo: "¿Sabes? ¡Hoy quiero ser peor que ayer!". No, porque Dios puso algo dentro de nosotros, en lo más profundo, que evoca el deseo de parecernos a Él cada vez más. Nuestro interior oye la voz que dice: *"Naciste para algo mejor, con el objeto de vivir mejor. No te conformes con menos. Puedes ser mejor".*

Ahora, la pregunta es: ¿cómo lograrlo? ¿Qué debo hacer para ser mejor, para alcanzar lo mejor de mí?

Hoy mucha gente desarrolla una visión más grande para su futuro, experimenta más bendiciones y el favor de Dios. Pero incluso si estás viviendo mejor, lo importante es que no te estanques. Dios siempre quiere que mejoremos, que hagamos más dentro de nosotros mismos y a través de lo que somos. Quiere que busquemos dentro, descubriéndonos para luego llevarnos a un nivel más elevado. No nos creó para que seamos mediocres, ni promedio. Ni para que nos conformemos con lo "bastante bueno". Quiere que sigamos avanzando, que busquemos siempre el siguiente nivel.

En *Lo mejor de ti* quería ayudar a buscar dentro de ti, para que descubras las preciosas semillas de grandeza que Dios ha puesto allí. Te mostré siete llaves que puedes usar para abrir cada una de esas semillas de grandeza y hacer que germinen, produciendo abundante bendición en tu vida.

No son llaves, ni principios difíciles o complicados. De hecho, por ser tan simples mucha gente no llega a notarlos. Pero son siete principios clave que me ayudaron a formarme y a seguir esperando lo bueno en mi vida personal, en mis relaciones, mi familia y mi carrera.

Sé que funcionan estos principios porque lo viví. Por eso, decidí reunir noventa lecturas diarias, que presentan principios alentadores incluidos en *Lo mejor de ti*, para ayudarte a formar de a poco el hábito de ser mejor cada día.

Quiero recordarte que estos devocionales, no tienen por intención tratar los pasajes de Las Escrituras. Más bien, busco destacar un mensaje específico de La Biblia que te inspirará a amar y adorar a Dios con mayor profundidad. Espero que con las lecturas devocionales, puedas gradualmente sumergirte más y más en La Palabra de Dios, para que veas la guía práctica que Dios tiene para ofrecerte.

Estas lecturas diarias de *Lo mejor de ti* fueron seleccionadas para destacar esas siete llaves o principios que conforman la estructura del libro. Pero, añadí otras cosas con la convicción de que te ayudarán a aplicar y a vivir la verdad que Dios quiere que conozcas.

Cada devocional incluye:

- Lectura de Las Escrituras, para alcanzar *Lo mejor de ti*, son pasajes que a veces se relacionan directamente con el principio que se describe y que en otros casos te brindarán un trasfondo necesario para que puedas entender con precisión la verdad que estás estudiando. Por favor, no pases por alto estas breves selecciones de La Palabra de Dios si quieres aprovechar al máximo este libro.
- Versículos clave tomados por lo general de la lectura de La Biblia que expresa el tema del devocional.
- Extracto devocional de *Lo mejor de ti*. Un par de páginas de lecciones e historias que creo que te inspirarán y elevarán.
- Oración diaria para alcanzar *Lo mejor de ti*. Algunas sugerencias que te ayudarán a expresar la repuesta del corazón, y que te prepararán para presentar ante Dios tus oraciones con renovado compromiso de deseos y gratitud. Podrás adaptar las oraciones según

lo prefieras. Tómate unos momentos para tener una conversación personal con tu Padre Celestial.

- Pensamiento de hoy para alcanzar *Lo mejor de ti*, no es simplemente una frase, que lees y olvidas enseguida. Es un pensamiento para que lo medites a lo largo de día. La Palabra de Dios nos dice que actuamos según nuestros pensamientos. ¡Los Pensamientos de Hoy te alentarán a conocer y aceptar lo que Dios piensa de ti a lo largo del día!

Como mencioné antes, hay noventa lecturas en este libro. Si las tomas como lo sugiero, una por día, pasarás tres meses leyendo estas páginas. Estoy convencido de que al cabo de noventa días, notarás que vas alcanzando *Lo mejor de ti*. Podrás transformar y renovar tu vida si permites que La Palabra de Dios te refresque y dé forma a tu pensamiento, tus palabras y tu actividad cotidiana. ¡Que este libro de devocionales pueda ser otro de los instrumentos que Dios utiliza para que alcances lo mejor de ti!

Joel Osteen

Primera parte

SIGUE AVANZANDO

¡Puedes llegar más alto!

Pasaje para que alcances lo mejor de ti: Juan 14:1-4

Ciertamente les aseguro que el que cree en mí las obras que yo hago también él las hará, y aun las hará mayores, porque yo vuelvo al Padre.

PALABRAS DE JESÚS EN JUAN 14:12

EL FAMOSO ARQUITECTO FRANK LLOYD WRIGHT DISEÑÓ MUchísimos edificios y viviendas, todos de gran hermosura, además de magníficas estructuras. Cerca del final de su carrera un reportero le preguntó:

—De todos sus diseños ¿cuál es su favorito?

A lo que Frank Lloyd Wright respondió sin pestañear:

—El próximo.

Verás, Frank Lloyd Wright entendía el principio de llegar más alto, de avanzar y esforzarse para llegar más allá, sin conformarse con sus éxitos del pasado. Todo el mundo está esperando tu próxima aventura.

Muchísima gente vive por debajo de su potencial. Tienen dones y talentos, y muchísimo por delante, pero se conformaron con lo que son, en donde están, y se acomodan allí. Con eso, solo logran conformarse cada vez con menos.

Suelo escuchar muchas excusas para estancar el crecimiento personal: "Logre lo que la mayoría. En comparación con otros, me va bastante bien en mi carrera. He llegado tan lejos como mis padres".

Todo eso está muy bien. Pero Dios quiere que llegues más lejos. Es un Dios de progreso, y quiere que cada generación tenga mayor felicidad, éxito y significado. Más allá de dónde estemos en la vida, Dios tiene mucho más reservado para nosotros. No quiere que dejemos de crecer. Siempre debemos buscar nuevas alturas para nuestras capacidades, nuestra vida espiritual, nuestras finanzas, carreras y relaciones personales. Todos tenemos áreas en las que podemos alcanzar más. Todos hemos llegado a determinado nivel de éxito, pero siempre habrá nuevos desafíos y más montañas que escalar. Hay nuevos sueños y objetivos para buscar.

....

Dios jamás obra sus mayores hazañas en tu ayer. Dios quiere
que mañana tengas más bendiciones de las que gozas hoy.

....

Sin duda Dios hizo muchísimo en tu pasado. Te abrió puertas que nadie más podría abrir. Y tal vez te haya dado una familia y un hogar maravilloso. Quizá hizo que te ascendieran, dándote favor con tus jefes y supervisores. Eso es fantástico y debes agradecerle a Dios todo lo que Él hizo por ti. Pero ten cuidado: a veces, cuando disfrutas de la vida, es fácil ser complaciente y conformarse y pensar: "Sí, Dios fue bueno conmigo. No puedo quejarme. Alcancé mis objetivos. Este es mi límite".

Dios jamás obra Sus mayores logros en tu ayer. Es posible que hiciera maravillas y milagros en el pasado, pero ¡no has visto nada todavía! Lo mejor está por venir. No permitas que tu vida quede allí. Sigue soñando, con esperanzas, planificando nuevos proyectos, experiencias y aventuras con Dios.

Descubrí que a Dios le gusta superarse. Quiere mostrarte su favor de manera más grande hoy que ayer. Quiere que mañana tengas más bendiciones de las que gozas hoy.

Quiere que tu impacto en el mundo sea mayor que el que lograste. Y eso implica que, si eres maestro, todavía no enseñaste tu mejor lección. Si eres constructor, todavía no edificaste tu mejor casa. Si eres empresario, no negociaste tu mejor contrato todavía. Es hora de elevar tu esperanza, de agrandar tu visión y prepararte para las cosas nuevas que Dios tiene en el horizonte. Tus mejores días todavía no llegaron. Están por delante, en tu futuro.

Oración de hoy para alcanzar lo mejor de ti

Padre, quiero que amplíes mi visión y quiero que me ayudes a llegar más allá. Ya no quiero que el mundo o mis pensamientos determinen mis limitaciones. Confío en que me ayudarás a alcanzar todo lo mejor que puedes ver delante de mí.

Pensamiento de hoy para alcanzar lo mejor de ti

Dios va a superar lo que realizó en mi vida.

Diseñados para lo mejor

Pasaje para que alcances lo mejor de ti Génesis 3:1-19

¿Y quién te ha dicho que estás desnudo?, le preguntó Dios.
—GÉNESIS 3:11

TENEMOS UN POTENCIAL QUE NUESTRO FABRICANTE, NUESTRO creador, Dios todopoderoso, puso allí. El hecho de que lo usemos o no, no hace que se desgaste ni desaparezca, pero sí tendrá impacto en nuestro futuro. Los hechos de tu pasado no reducen tu potencial. La forma en que te trataron, lo que dijeron de ti, no cambia tu potencial. Las desilusiones o injusticias de tu vida no afectan tu potencial, porque el creador del universo es quien lo puso de manera permanente dentro de ti. Cuando creemos, damos un paso adelante, un paso de fe que nos lleva más allá. Y entonces podemos empezar a alcanzar el potencial que tenemos dentro, porque vamos un poco más alto.

La capacidad está allí, dentro de ti. La pregunta es: ¿Quieres romper con las limitaciones que te impusiste y empezar a elevarte hacia el siguiente nivel?

Muchísimas veces permitimos que las experiencias del pasado nos impidan avanzar. Tal vez alguien, un socio, un entrenador, un pariente o amigo dijeron: "Oye ¿de veras crees que puedes hacerlo? Fíjate que quizá la oportunidad no sea la adecuada para ti. ¿Si lo intentas y fracasas? ¿Qué pasará si no funciona?".

Una joven, Sherry, vino a verme buscando consejo. Tolerando una relación abusiva durante años, siempre escuchó lo mismo: "No puedes hacer nada bien. Eres tan tonta. Y no eres atractiva". Escuchando esto durante tanto tiempo, estaba física, emocional y espiritualmente quebrada. No tenía gozo, y su confianza y autoestima casi no existían.

Le dije lo mismo que te digo: tu valor, tus dones y tus talentos, fueron puestos dentro de ti por Dios todopoderoso. No importa lo que digan. La buena noticia es que la autoridad suprema es de Dios. Él dice que tienes dentro un tesoro. Él dice que tienes un don. Él dice que vales. Deja de repetir la misma cantinela y canta algo nuevo ahora. Necesitas pensar cosas como: "*Soy creativo. Tengo talento. Valgo. Tengo un futuro brillante. Mis mejores días están por delante*".

Tienes que dirigir tu mente en esa dirección porque si repites siempre los pensamientos negativos acerca de ti mismo, estarás impidiéndote alcanzar todo aquello que Dios creo para ti.

No importa quién te dijo cosas negativas, sea tu padre, tu madre, tu cónyuge, tu entrenador o un maestro, échalas fuera. Las palabras tienen poder. Porque pueden crear barreras en tu mente y tu corazón.

Muchísimas personas no tienen la confianza y autoestima que debieran tener porque están siempre repitiendo cosas negativas acerca de sí mismos. No lo digo con arrogancia, pero en mi mente intento recordar todo el día: soy ungido, soy creativo, tengo talento, tengo éxito. Tengo el favor de Dios. Le gusto a la gente. Soy vencedor y no víctima.

¡Haz la prueba! Si piensas este tipo de cosas, ni la autoestima, ni la falta de confianza, ni la inferioridad podrán contigo. Endereza la espalda, sonríe y busca oportunidades para llegar al siguiente nivel.

En el Jardín del Edén, Adán y Eva se escondieron después de comer el fruto prohibido. Dios vino a ellos y dijo:

—Adán, Eva, ¿dónde están?

—Dios, nos escondimos porque estamos desnudos.

Me encanta la forma en que Dios respondió. Dijo:

—Adán ¿quién dijo que estaban desnudos?

En otras palabras: ¿quién les dijo que había algo mal?

Dios supo de inmediato que el Enemigo les habló.

Hoy, Dios te dice: "¿Quién te dijo que no estás hecho para el éxito? ¿Quién te dijo que tus calificaciones en la escuela siempre serían mediocres, y nunca excelentes? ¿Quién te dijo que te falta atractivo para que tengas éxito en tus relaciones personales o que te falta talento para florecer en tu carrera? ¿Quién te dijo que tu matrimonio no tiene futuro?".

....

Endereza tu espalda, sonríe y busca oportunidades
para alcanzar el siguiente nivel

....

¿Quién dijo que te falta algo? Son mentiras que dice el enemigo. Tienes que rechazar esas ideas y descubrir lo que Dios dice de ti. "Bueno, es que no creo que pueda conseguir ese ascenso, Joel". ¿Quién te dijo eso? Dios dijo: No te retacearé el bien cuando camines en rectitud. "Bueno, es que no creo que vaya a casarme, Joel. Hace tanto que no salgo, que no creo que llegue a encontrar a alguien que me ame por lo que soy y con quien sea compatible".

¿Quién te dijo eso? Dios dijo: Cuando te deleites en Él, te dará los deseos de tu corazón.

"Bueno, es que no creo que llegue a ser gerente. No creo que pueda ser líder".

¿Quién te dijo eso? Dios dice: *"Todo lo puedes en Cristo"*.

El potencial está dentro de ti. No cambia porque no crees en Él, ni porque tuviste experiencias negativas en el pasado. El Creador del universo depositó ese potencial dentro de ti de manera permanente. Las Escrituras dicen: *"porque las dádivas de Dios son irrevocables, como lo es también su llamamiento"* (Romanos 11:29). Eso significa que Dios jamás quitará el potencial que puso en ti. Nunca dirá: "ya me cansé de ti. Lo intentaste demasiadas veces y siempre fracasaste. Cometiste demasiados errores. Devuélveme los dones que te di". No. Esos dones y ese llamamiento en tu vida estarán contigo hasta que partas de esta tierra. Pero de ti depende la decisión de aprovecharlos y usarlos o no.

Oración de hoy para alcanzar lo mejor de ti

Padre, sé que tengo que tener cuidado con respecto a quién escucho. Sé que incluso puedo mentirme. Así que quiero escucharte por encima del barullo de mensajes que buscan controlarme y atarme. Quiero vivir según tu designio.

Pensamiento de hoy para alcanzar lo mejor de ti

Dios no retaceará nada bueno cuando camines en rectitud.

Si tan solo supieras

Pasaje para que alcances lo mejor de ti: Juan 4:1-42

Si supieras lo que Dios puede dar, y conocieras al que te está pidiendo agua —contestó Jesús—, tú le habrías pedido a él, y él te habría dado agua que da vida.

—JUAN 4:10

EN JUAN 4, JESÚS ENCUENTRA A UNA MUJER JUNTO A UN POZO de agua en Samaria, y le pide de beber. La mujer se sorprendió porque en esa época los judíos no querían tener nada que ver con los samaritanos. Le dijo:

—¿Cómo me pides de beber?

Jesús le respondió:

—Si supieras quién soy, serías tú quien me pidiera de beber y yo te daría agua de vida.

La mujer pensó que Jesús le hablaba de agua en sentido literal y dijo:

—Si no tienes siquiera un cuenco para sacar agua del pozo. No tienes cubo ni nada y el pozo es profundo. ¿Cómo podrías darme de beber?

Me pregunto, ¿cuántas veces Dios nos dice que quiere hacer algo grandioso en nuestras vidas? Que tendremos salud, que estaremos bien y que no tendremos dudas. Lo podemos sentir, pero al igual que la mujer junto al pozo, empezamos a pensar en todo lo que no tenemos, en los obstáculos, y no pasa mucho tiempo antes de que nos convenzamos de que lo mejor de Dios es imposible en nuestras vidas.

"Eso jamás podría sucederme. No tengo los conocimientos, ni el talento, ni la disciplina. Jamás romperé con esta adicción y nunca concretaré mis sueños".

¡No! deja de ver lo que no tienes y empieza a creer que todas las cosas son posibles.

Jamás soñé lo que estoy haciendo, alentando a gente del mundo entero. Durante diecisiete años mi padre intentó que hablara en nuestra iglesia, pero no quería. Por naturaleza soy callado y reservado y prefiero trabajar detrás de escena.

Pero cuando mi padre partió para estar con el Señor, supe que tendría que llenar ese vacío. Aunque jamás predique, ni asistí al seminario y no tenía educación formal, dije: "Dios, no voy a mirar lo que no tengo. Voy a mirarte a ti. Sé que en mi debilidad, muestras tu fuerza". Y di ese paso de fe y Dios me llevo a lugares en los que no soñé.

Puedes hacer lo mismo por ti. No te atasques en el lodo de la actitud, ni en tu carrera, ni tu matrimonio. Tienes un potencial increíble dentro de ti ¡mucho más de lo que imaginas! Dios no está limitado por las leyes de la naturaleza. Él puede hacer lo que los seres humanos no podemos. La clave está en dejar de mirar tus problemas, y empezar a mirar a tu Dios.

· ·

La clave está en dejar de mirar tus problemas y empezar a mirar a tu Dios.

· ·

Cuando Dios pone un sueño en tu corazón, tal vez en lo natural te parezca que es imposible. Escucharas por todas partes que tal cosa no podrá hacerse realidad. "Jamás romperás con esa adicción. Nunca cumplirás tus sueños. Nunca serás feliz". Pero si crees y permaneces fiel, y esperas lo bueno, también tú podrás vencer los obstáculos.

Hablé con un famoso equilibrista, descendiente de siete generaciones de artistas de circo, y le pregunté:

—¿Cuál es el secreto para ser equilibrista? Al ver, parece tan fácil.

Él respondió:

—Joel, el secreto es mantener la mirada fija en el lugar al que vas. Nunca mires hacia abajo. Allí donde va tu cabeza, irá también tu cuerpo. Si miras hacia abajo, lo más probable es que te caigas. Así que siempre mira el lugar al que quieres llegar.

El mismo principio vale para la vida. Hay gente que pasa la vida mirando hacia atrás, centrados en sus dolores y penas. Otros miran hacia abajo, a la autocompasión, y se quejan de que la vida es injusta. La clave para ir más alto es mirar el lugar a donde quieres ir. ¡Sueña en grande! No te centres en el lugar donde estás hoy. Mantén una visión positiva y te verás alcanzando tus metas y cumpliendo tu destino.

Oración de hoy para alcanzar lo mejor de ti

Padre, como lo hiciste con la mujer junto al pozo, te ruego que abras mis ojos para que vea lo que has puesto en mí con el fin de alcanzar tus propósitos. Anhelo disfrutar del potencial que me has dado.

Pensamiento de hoy para alcanzar lo mejor de ti

Sólo Dios sabe hasta dónde llega mi potencial.

El rechazo te dará rumbo

Pasaje para que alcances lo mejor de ti: 2 Corintios 4:7-18

Pero tenemos este tesoro en vasijas de barro para que se vea que tan sublime poder viene de Dios y no de nosotros.

—2 CORINTIOS 4:7

MUCHÍSIMAS VECES, SI SUFRIMOS A CAUSA DEL RECHAZO O la desilusión, sentimos tal desaliento que no pensamos en otra cosa más que el lugar donde estamos en ese momento. "Supongo que no tenía que ser". "Creí que saldría con esa persona atractiva, pero tal vez mi aspecto no es lo que pensaba". O "Pensé que me darían ese ascenso, lo intenté y fallé. Tal vez me falte talento. No funcionó".

Cuando el rechazo o la desilusión te tumban, levántate y vuelve a intentarlo. Renunciamos a nuestros sueños con demasiada facilidad. Hay que entender, así como Dios abre puertas de manera sobrenatural, también a veces las cierra. Y cuando Dios cierra una puerta, siempre es porque tiene reservado algo mejor. Así que, solo porque llegas a un callejón sin salida, no significa que debes bajar los brazos. Encuentra una ruta diferente y sigue avanzando.

Muchas veces, nuestro rumbo más provechoso viene después de un rechazo que nos dolió. Cuando llegas a una segunda puerta cerrada, o algo no funciona en tu vida, en lugar de verlo como el final, considera que Dios te está indicando que cambies de rumbo. A veces es incómodo, o puede no gustarnos. Pero no podemos cometer el error de cruzarnos de brazos y conformarnos con el lugar en que estamos.

En 1959 mi padre era pastor de una iglesia cuya congregación crecía todo el tiempo. Terminaron la construcción de un bello santuario y mi padre tenía un futuro brillante. Más o menos en esa época nació mi hermana Lisa, con algo parecido a la parálisis cerebral. Con hambre de Dios y su mano, mi padre buscó Las Escrituras de manera nueva y empezó a ver que Dios es bueno, sanador y que aún hoy, puede obrar milagros. Regresó a su iglesia y predicó con nuevo fuego y nuevo entusiasmo.

....

Del rechazo que más nos duele puede surgir el mejor rumbo para nosotros.

....

Papá pensó que se alegrarían, pero la reacción de la congregación fue lo opuesto. No les gustó su nuevo mensaje. No encajaba con su tradición. Después de sufrir mucha persecución, dolor y desilusión, mi padre supo que lo mejor que podía hacer era dejar esa iglesia.

Naturalmente, se sintió decepcionado. No entendió cómo pasó algo así. Pero recuerda: del rechazo surge el rumbo. Cuando se cierra una puerta Dios está por abrir una puerta más grande y mejor.

Papá caminó por la calle hasta un almacén abandonado. Allí, él y noventa personas más formaron la Iglesia Lakewood el Día de la Madre de 1959. Los críticos decían que no duraría, pero hoy, casi cincuenta años más tarde, la Iglesia Lakewood creció y es una de las más grandes de los EE.UU. Y sigue fuerte.

No creo que mi padre disfrutara del ministerio que tuvo, ni que llegaría a ser todo aquello para lo que Dios lo creó, si se quedaba en ese entorno limitado. La clave es esta: el sueño que hay en tu corazón puede ser más grande que el entorno en el que te hallas. A veces tienes que salir de ese entorno para que se cumpla tu sueño.

Piensa en un roble. Si lo plantas en una maceta, su crecimiento será limitado. Cuando las raíces llenen la maceta, no podrá crecer. El problema no es del árbol, sino del entorno. Porque asfixia e impide el crecimiento. Quizá tengas en tu corazón cosas más grandes de las que caben en tu actual entorno. Por eso, a veces Dios te sacará de una situación cómoda. Cuando sufres persecución y rechazo, no es siempre porque alguien te detesta. A veces, es la forma en que Dios te dirige hacia su perfecta voluntad. Intenta que te estires, que trates de llegar al siguiente nivel. Sabe que no lo harás sin un empujón, así que se encarga de que te sea incómodo permanecer donde estás. El error que cometemos a veces es ponernos negativos, agrios, centrándonos en lo que no funcionó. Y si lo hacemos, impedimos que se abran puertas nuevas.

. . . .

El sueño que hay en tu corazón tal vez sea más
grande que el entorno en que estás.

. . . .

Hace unos años la Iglesia Lakewood buscaba comprar algún terreno donde pudiéramos construir un nuevo santuario. Estuvimos buscando durante meses, hasta que encontramos un maravilloso terreno de medio kilómetro cuadrado. Estábamos contentísimos. Pero el día en que íbamos a cerrar el trato, otro grupo compró la tierra.

Me sentí terriblemente desilusionado y dije: "Joel, Dios cerro esta puerta por una razón. Tiene reservado algo mejor". Claro que me sentía triste y admito que también, desalentado. Pero tuve que quitarme ese peso de encima y decir: "No, no voy a quedarme aquí. Voy a seguir avanzando".

Meses más tarde encontramos otro lindo terreno. Funcionaria perfectamente, pero sucedieron cosas y el dueño se negó a venderlo. Otra desilusión. No lo entendía, pero dije: "Dios, confío en ti. Sé que tus caminos no son los míos. No me parece bien. No me parece justo. Pero voy a mantener una actitud de fe y seguiré esperando lo bueno".

Poco después, se abrió la puerta del Compaq Center, un estadio deportivo de dieciséis mil asientos en el centro de Houston, en uno de los sectores más activos de la ciudad. Fue claro el por qué Dios cerro las otras puertas. Si comprábamos alguna de las otras propiedades, esas decisiones nos impedirían obtener lo mejor que Dios tenía preparado para nosotros.

En la vida, no siempre vamos a entender todo lo que sucede. Pero tenemos que aprender a confiar en Dios. Tenemos que creer que Él nos tiene en la palma de su mano y que nos guía y siempre busca lo mejor para nosotros.

Oración de hoy para alcanzar lo mejor de ti

Padre, confío en ti. Sé que tus caminos no son los míos. Las cosas pueden parecer injustas, equivocadas, pero seguiré con una actitud de fe, esperando las cosas más grandes. Por favor, muéstrame cuál es el rumbo y ayúdame a ir cada vez más alto.

Pensamiento de hoy para alcanzar lo mejor de ti

Dios conoce el bien que tiene planeado para mí.

Entra en tu futuro

Pasaje para que alcances lo mejor de ti: Jeremías 29:4-14

Porque yo sé muy bien los planes que tengo para ustedes —afirma el SEÑOR—, planes de bienestar y no de calamidad, a fin de darles un futuro y una esperanza.

—JEREMÍAS 29:11

HACE UNOS AÑOS ENTRÉ EN UN EDIFICIO GUBERNAMENTAL que tenía dos juegos de puertas dobles, separadas por unos cuatro centímetros y medio. Las puertas se abrieron automáticamente cuando me acerqué, pero por razones de seguridad al pasar por las primeras, debía esperar a que se cerraran para que se abrieran las siguientes. Mientras permaneciera junto al primer par de puertas, las otras no se abrirían.

En muchos aspectos la vida es también así. Tienes que dejar atrás tus desilusiones, dejar atrás los fracasos, y que esas puertas se cierren por completo detrás de ti. Luego, avanzas hacia el futuro que Dios tiene para ti, sabiendo que nada puedes hacer por los dolores del pasado. No puedes cambiar el pasado, pero sí puedes hacer algo respecto del futuro. Lo que hay enfrente de ti es más importante que lo que hay detrás. El lugar al que vas importa más que el lugar de donde vienes.

Si tienes la actitud correcta, darás a luz más en el futuro de lo que perdiste en el pasado. Deja de mirar atrás. Este es un nuevo día. Tal vez te parezca que murieron tus sueños pero Dios puede resucitarlos, o darte sueños nuevos. Él es un Dios sobrenatural y cuando creemos en Él, todas las cosas son posibles.

Dios no bajó los brazos. Sabe que puso semillas de grandeza en ti. Tienes para ofrecer algo que nadie más tiene. Te dio sueños y deseos nobles. Con demasiada frecuencia, sin embargo, permitimos que las adversidades, desilusiones y obstáculos nos detengan y al poco tiempo encontramos que no estamos avanzando. No crecemos, no creemos que podemos ir más alto en la vida.

. . . .

Darás a luz más en el futuro de lo que perdiste en el pasado

. . . .

Es irónico, pero algunas de las personas más talentosas pasan por algunas de las experiencias más injustas y desafortunadas: divorcio, abuso, abandono. Y es fácil que esa persona piense: "¿Por qué me pasa esto? ¿Qué hice para merecerlo?".

Desafortunadamente, el Enemigo conoce algo de lo que hay dentro de ti. Conoce el potencial que llevas y hace todo lo que puede para impedir que esa semilla germine. No quiere que florezcan tus dones y talentos. No quiere que concretes tus sueños. Quiere que vivas una vida promedio, mediocre.

Tienes que entender esto: Dios no creó a ninguna persona sin poner algo extremadamente valioso dentro. La vida puede intentar aplastarte con desilusiones u obstáculos. En lo natural, no sabes cómo irías más alto. No ves cómo serias feliz. Pero tendrás que clavar los talones y decir: "Yo sé lo que tengo dentro. Soy hijo o hija del Dios Altísimo. Su poder de capacidad está en mí y voy a elevarme para ser todo aquello para lo que Dios me creó".

El apóstol Pablo le dijo a su joven alumno Timoteo: "Te recomiendo que avives la llama del don de Dios que recibiste". También tú necesitas avivar tus dones, talentos, sueños. Es decir, el potencial que hay dentro de ti. Tal vez esas cualidades estén enterradas bajo la depresión y el desaliento, oscurecidas por las voces negativas de los que dicen que no podrás. Debajo de las debilidades. Debajo de los fracasos y miedos.

Pero las cosas buenas de Dios siguen allí. Ahora, tienes que hacer tu parte y comenzar a desenterrarlas. Avanza hacia el futuro con confianza, sabiendo que Dios nunca te dejará ni abandonará.

Oración de hoy para alcanzar lo mejor de ti

*Padre, me prometiste un futuro y una esperanza. Tú me
diste tanto. Como hijo/hija, avanzo con confianza hacia ti,
sabiendo que me preparaste y tienes preparado un camino.
Me llenaste de bendición. Hoy camino en tu favor.*

Pensamiento de hoy para alcanzar lo mejor de ti

*El poder de capacidad de Dios me llena y voy a elevarme
y llegar a ser todo aquello para lo que Él me creó.*

Lo nuevo que vendrá

Pasaje para que alcances lo mejor de ti: Salmo 30:1-12

Porque sólo un instante dura su enojo, pero toda una vida su bondad.
Si por la noche hay llanto, por la mañana habrá gritos de alegría.

—SALMO 30:5

T AL VEZ SOPORTASTE MÁS QUE TU CUOTA DE EXPERIENCIAS
negativas e injustas. Pero tienes que saber esto: Dios quiere hacer algo nuevo. Quiere darte un nuevo comienzo. No abandones. No
pienses que alcanzaste el punto máximo de tus límites en la vida. "Bueno; Joel, es que no conoces mi situación, llegué tan lejos como me lo
permiten mis estudios y conocimientos. No conoces mis dificultades".

¡No!, tal vez no conozca todo eso. Pero sí conozco a nuestro Dios,
y Él es todopoderoso. Tiene más reservado para ti. Lo que te pregunto
es: ¿Puedes percibirlo? ¿Puedes hacerle lugar? Porque todo comienza
en tu pensamiento. Si tu pensamiento es limitado, entonces tu vida
será limitada también.

"Pero Joel, estoy en bancarrota. Lo intenté, y fallé". Bueno, déjalo.
Hoy es un nuevo día.

"Mi matrimonio no funcionó. Es una desilusión tan grande. Jamás
pensé que estaría en esta situación en este momento de mi vida".

Es triste, pero no es el final. Cuando se cierra una puerta Dios
siempre abre otra. Y si se cierran todas las puertas ¡Dios abre una
ventana! Dios siempre quiere darte un nuevo comienzo. Tiene un plan
grandioso para tu vida. ¿Sabes cuándo sucederá? Cuando dejes de mirar atrás, cuando dejes de llorar por lo que has perdido. Nada impedirá
que alcances lo bueno que Dios tiene para ti, con excepción de vivir
en el pasado.

Si todas las puertas se cierran ¡Dios abre una ventana!

Tal vez sientas que la vida te derrotó, con desilusiones y otras situaciones injustas. Pero hagas lo que hagas, no te quedes en el suelo. Levántate de nuevo y sacúdete el polvo. Si no encuentras a nadie que te anime, aprende a animarte a ti mismo. Levántate por la mañana, y con la frente en alto mírate en el espejo, diciendo: "Llegué demasiado lejos como para detenerme ahora. Me derribaron, pero no estoy acabado. Voy a levantarme nuevamente. Soy vencedor, y no víctima".

Tienes que mantenerte ardiendo si quieres ver que se abran nuevas puertas. Sigue buscando lo bueno que Dios está por hacer. Conozco a muchas personas que viven en el país de "lo más o menos bueno".

No permitas que "más o menos" sea suficiente. Sigue adelante. Sigue creyendo. Dios no te creó para que seas promedio, sino excelente. Dios te creó para que dejes tu marca en esta generación. Cada mañana recuerda: "Tengo talento, tengo creatividad, tengo el favor de Dios. Soy capaz, tengo lo que hace falta. Veré concretarse mis sueños". Repite eso por fe, y no pasará mucho tiempo antes de que sea realidad.

Entiende que en la vida, siempre existirán fuerzas que se nos oponen e intentan impedir que lleguemos a ser todo aquello para lo que Dios nos creó. Muchas veces, las adversidades y situaciones injustas son resultado de los esfuerzos del Enemigo que intenta desalentarnos y engañarnos para que abandonemos nuestros sueños. Hoy sientes que estás en un vacío. No recibes casi nada. Pasaste por dificultades severas. Pero Dios quiere restaurarte, animarte, llenarte de Su esperanza. Quiere resucitar tus sueños. Quiere hacer algo nuevo.

Siempre recuerda que tienes un don, que tienes talento y creatividad. Por eso, exactamente, el enemigo intenta aplastarte. Para que tus dones, creatividad, gozo, sonrisa, personalidad y sueños vean la luz del día. Le encantaría que toda la vida quedaran dentro de ti, dormidos. Gracias a Dios, no depende del enemigo, sino de ti.

Gracias a Dios, no depende del Enemigo, sino de ti.

Lo admito, pasaste por un duro comienzo. Y por más injusticias de las que podrían a cualquiera tocarle. Pero no es eso lo que cuenta. Lo que cuenta es la línea de llegada. Deja atrás el pasado y la desilusión, recuerda que Dios sigue estando al mando de tu vida. Si confías en El, te promete que no prosperará arma alguna que se forje en contra ti. La situación puede parecer injusta, ser difícil o puedes pensar que las fuerzas que obran en contra de ti van ganando. Pero Dios dijo que El daría vuelta tus circunstancias para usarlas en tu favor.

No te vuelvas complaciente. No aceptes el "más o menos", como bueno. ¡Sigue adelante! Las fuerzas que están en tu favor son más grandes que las que se te oponen. Las Escrituras dicen: *"Si por la noche hay llanto, por la mañana habrá gritos de alegría" (Salmo 30:5).* No importa qué te espera el día de mañana, siempre puedes esperar que Dios te dé gozo.

Oración de hoy para alcanzar lo mejor de ti

Padre, creo que quieres hacer algo nuevo en mi vida, yo cumpliré con mi parte. Guíame y recuérdame que no he de conformarme con el "más o menos", sino buscar continuamente más de lo bueno que tú tienes reservado para mí.

Pensamiento de hoy para alcanzar lo mejor de ti

Estoy buscando con gozo las cosas nuevas de Dios en mi vida.

Por el espejo retrovisor

En cambio, a mi siervo Caleb, que ha mostrado una actitud diferente y me ha sido fiel, le daré posesión de la tierra que exploró, y su descendencia la heredará.

—NÚMEROS 14:24

TU AUTO TIENE UN PARABRISAS GRANDE, PERO EL ESPEJO RETrovisor es relativamente pequeño. Es evidente lo que implica esto: lo que sucedió en tu pasado no importa tanto como lo que hay en tu futuro. El lugar al que vas importa mucho más que el lugar de donde provienes. Si te concentras siempre en el pasado, seguramente dejarás pasar numerosas oportunidades futuras que podrían ser excelentes.

¿Cómo dejamos el pasado atrás? Ante todo, disciplina tus pensamientos para que tu mente no vuelva todo el tiempo al pasado. Deja de hablar del pasado. No revivas cada experiencia negativa, si sufriste una pérdida, alguno de tus sueños, por supuesto tienes que hacer tu duelo en el momento adecuado. Pero luego, en cierto punto necesitarás levantarte, sacudirte el polvo, vestirte de una nueva actitud y empezar a avanzar en la vida. No permitas que la desilusión se convierta en el tema central de tu vida. Deja de llorar por algo que no puedes modificar. Dios quiere darte un nuevo comienzo pero tendrás que dejar atrás lo viejo para poder ver lo nuevo. Deja que se cierre detrás de ti esa puerta, para pasar por la que tienes delante.

Tal vez te convenciste de que no llegarás más alto o que tus sueños nunca se concretarán. Pasó demasiado tiempo. Te equivocaste muchísimo.

No creas en todas esas mentiras. Más bien, reúne coraje a partir de la figura de Caleb, en el Antiguo Testamento.

....

El lugar al que vas importa mucho más que el lugar de donde vienes.

....

Cuando Caleb era solo un muchacho, con Josué formaron parte de una misión espía de exploradores, que determinarían la fortaleza del enemigo antes de que el pueblo de Dios avanzara hacia la tierra que Dios les prometió. De los doce espías, solo Caleb y Josué le presentaron a Moisés un informe positivo, diciendo: "Somos capaces de tomar la tierra". Los otros diez espías dijeron: "No, Moisés. En esa tierra hay gigantes y la oposición es demasiado formidable. Los obstáculos son imposibles".

La mayoría intentó convencer a Moisés y al resto de los hijos de Israel para que no avanzaran hacia las bendiciones que Dios les prometió. Querían conformarse con menos y no con lo mejor y habitar durante el resto de sus vidas allí donde estaban. Lamentablemente, aquel grupo de gente con pensamientos negativos nunca llegó a la tierra prometida. Pasaron los siguientes cuarenta años atascados en el desierto, vagando sin rumbo. Eventualmente, la mayoría murió sin concretar su sueño y Dios levantó a una nueva generación.

Para cuando Caleb tenía ochenta y cinco años, no había perdido aún el sueño que Dios puso en su corazón. A esa edad, muchos pasaron el día entero en la mecedora, pensando en los buenos y viejos tiempos. Caleb no hizo eso, sino que se mantuvo en alerta, ardiendo y en forma. Caleb le dijo a Josué que seguía siendo tan fuerte como cuando Dios les dio su promesa.

Caleb volvió al mismo lugar, a la misma montaña que los demás no quisieron escalar por miedo. Y dijo: "Dios, dame esta montaña". En efecto, estaba diciendo: "No quiero vivir en otro lugar. En mi corazón este sueño sigue vivo".

Es interesante notar que Caleb no pedía una herencia que le llegara de manera fácil. De hecho, esa montaña que pidió era habitada por cinco gigantes. Seguro que si quería, encontraba un lugar más accesible, menos fortificado, ocupado por gente más fácil de vencer. Pero Caleb dijo: "¡No! No importan cuántos sean los obstáculos.

Dios me prometió este lugar y aunque pasaron cuarenta años seguiré avanzando. Seguiré creyendo hasta ver cumplida la promesa".

Esa es la clase de actitud que debemos tener, es que abandonamos con demasiada facilidad; "Bueno, no logré ese ascenso. Supongo que no me lo darán". "Con mi esposo no nos llevamos bien. Creo que se acabó". No. Sigue avanzando y sigue creyendo, siempre alerta, siempre manteniendo viva la llama. Porque tienes los dones, los talentos y los sueños. No permitas que la complacencia impida que veas las promesas de Dios, no cumpliéndose en tu vida.

Oración de hoy para alcanzar lo mejor de ti

Padre, ayúdame a recordar, que cuando miro hacia atrás no puedo verte. Estás conmigo preparando mi futuro. Anhelo mirar delante, hacia lo que tienes preparado para mí. Enséñame a confiar como Caleb, sabiendo que tú estás conmigo a lo largo de todo el camino.

Pensamiento de hoy para alcanzar lo mejor de ti

Nada de lo que suceda hoy podrá sorprender o superar a Aquel que me acompaña siempre.

¿Dónde estás?

Pasaje para que alcances lo mejor de ti: Salmo 1:1-2

Dichoso el hombre que no sigue el consejo de los malvados, ni se detiene en la senda de los pecadores ni cultiva la amistad de los blasfemos.

—SALMO 1:1

UNA DE LAS CLAVES PARA DEJAR EL PASADO ATRÁS Y ALCANzar tu pleno potencial es ubicarte en un entorno donde pueda germinar la semilla de tus sueños. Conozco gente muy talentosa y con increíble potencial. Pero insisten en andar en compañía de las personas equivocadas. Si tus amigos más cercanos son holgazanes e indisciplinados, que no tienen grandes sueños, negativos y críticos, te contagiarás; además, ese entorno en el que te ubicaste, impedirá que te eleves. No puedes estar con gente negativa y esperar que tu vida sea positiva. Si todos tus amigos son personas deprimidas y derrotadas que abandonaron sus sueños, tendrás que hacer algunos cambios. Seamos sinceros: es probable que no logres que ellos cambien. Sí es probable, que si pasas mucho tiempo con ellos te tiren abajo cada vez más.

Claro que amas a tus amigos. Puedes orar por ellos y tratar de alentarlos para que efectúen cambios positivos en sus vidas, pero a veces, lo mejor que puedes hacer es apartarte de la gente negativa y ubicarte en un entorno saludable, positivo, lleno de fe. Es muy importante, porque no importa lo grande que sea el potencial de la semilla, si no la pones en suelo fértil, no podrá germinar.

Me dijeron: "Joel, no sé por qué, pero soy como un imán para la gente abusiva. Salgo de una mala relación y entro en otra dos veces peor. Sé que no es bueno, pero no puedo apartarme. Me siento culpable".

Por lo general, respondo: "¡No!, tu eres responsable de cuidarte, de mantener tu salud y plenitud,Dios te confió sus talentos y sus sueños. Por mas que sea doloroso, a veces lo mejor que puedes hacer es apartarte de quien asfixia tu espíritu. No permitas que te traten de ese modo. Tu valor es muy importante porque fuimos creados a imagen de Dios todopoderoso".

"Pero Joel, si me pongo firme y establezco límites, la persona podría abandonarme".

Es cierto y en verdad podría ser lo mejor que te pase. Escuché por ahí hablar del "don del adiós"significa que cuando alguien te asfixia decide irse, tal vez sin que te des cuenta esa persona te hizo un gran favor. No mires hacia atrás. Más bien, mira hacia adelante. Prepárate para lo nuevo que Dios quiere para tu vida.

Oración de hoy para alcanzar lo mejor de ti

Padre, sé que me llamas a estar con quienes me animarán
y alentarán. Ayúdame a enfrentar los miedos que me
impiden dejar hábitos y personas que me destruyen.

Pensamiento de hoy para alcanzar lo mejor de ti

Decido decirle adiós a todo lo que no sea bueno para mí.

Compañeros de viaje

Pasaje para que alcances lo mejor de ti: 1 Samuel 17:1-58

El Señor, que me libró de las garras del león y del oso, también me librará del poder de ese filisteo.

—1 SAMUEL 17:37

S I REALMENTE QUIERES AVANZAR, DEBERÁS RODEARTE DE personas que te alienten y edifiquen. Por cierto, necesitas que sean sinceros y te digan cuándo estás tomando una mala decisión. No te rodees de quienes siempre te dicen que sí; pero por otra parte, no toleres a los negativos, los críticos y los que te dicen "¡No puedes!". A veces, quienes más te desalientan son aquellos que más cerca están de ti.

¿Recuerdas al rey David? Cuando era un muchacho le dijo a su hermano mayor Eliab que quería luchar contra el gigante filisteo Goliat. Eliab trató de desalentar a David, empequeñeciéndolo. Le dijo: "David ¿y qué harás en el campo de batalla? Tienes que ocuparte de las ovejas de nuestro padre, en casa". En realidad le estaba diciendo: "David, nunca harás algo grande. Porque no tienes lo que hace falta".

En ese momento, David tomo una decisión crucial: ¿Creería en las cosas negativas que decía su hermano, o en lo que Dios le puso en su corazón? En tal caso diría: "Bueno, tal vez mi hermano tenga razón. Es mayor, con más experiencia y mayor conocimiento de los obstáculos que hay por delante. Soy un niño nada más. No siento que tenga demasiados talentos. Es posible que el gigante me mate".

Pero no fue así. David dijo: "Eliab, no me importa lo que digas, sé quién soy. Sé lo que Dios puso en mí. Voy a salir y a cumplir con el destino que Dios me preparó". Hizo exactamente eso, enfrentó y derrotó al gigante usando unas pocas piedras del arroyo.

¿No es interesante?, incluso Jesús tuvo que dejar su pueblo natal de Nazaret porque la gente de allí era tan incrédula. Jesús sabía que si permanecía en ese entorno negativo, no podría avanzar.

Tú también tienes algún familiar o pariente sin visión y que no puede imaginarte alcanzando algo grandioso. No te enojes. Lo más probable es que sean buenas personas. Ámalas y trátalas con respeto, pero entiende que no puedes estar con ellos todos los días. Tienes que amarlos a la distancia, la vida es demasiado corta como para que dejes hundirte por gente negativa, celosa y cínica. No importa cuán grande sea tu don, o cuánto potencial hay en su semilla de grandeza, si no plantas en un entorno que lleve al crecimiento, no germinará. Y será casi imposible hacer que tu sueño florezca.

. . . .

A algunas personas tendrás que amarlas a la distancia.

. . . .

Tienes que rodearte de gente con sueños, no de soñadores imposibles, sino de gente con grandes metas, gente que planea hacer algo importante con su vida. Rodéate de los que van a ayudarte a ser todo aquello que Dios tiene pensado desde que te creó.

Dios está diciendo que es momento de nuevos comienzos. Aviva tu llama. Recupera tu pasión. Tal vez tu enfermedad duró mucho tiempo, pero hoy es el día en que sanas. Es probable que lucharas contra la depresión y el desaliento, pero es momento de ser libre ahora. Si tu familia tuvo fracasos, derrotas y pensamientos negativos, tienes que saber que hoy es tu momento de salir del pantano.

Haz que tu fe crezca nuevamente. Levántate por las mañanas esperando lo bueno. Recuerda que Dios está de tu lado y te ama. Las Escrituras dicen: *"Si pones tu confianza en Él, no sufrirás desilusión"* (ver Isaías 28:16 y Romanos 10:11).

Mi padre solía citar al poeta norteamericano Edwin Markham (1852-1940), que dijo algo sencillo, pero profundo en cuanto a la actitud que necesitamos tener: "Ah, ¡es grandioso creer en el sueño mientras somos jóvenes y estamos junto al estrellado arroyo, pero aun es más grande luchar en la vida y decir en el final: el sueño se hizo realidad!".

No te conformes con la mediocridad. No permitas que el "más o menos" sea lo suficiente, también descubrirás que tu sueño se hace realidad.

Oración de hoy para alcanzar lo mejor de ti

Padre, me ayudas a ser una persona con quien los demás quieren estar. Ruego que me guíes para que me rodee de personas que me alienten. Por favor, muéstrame a quiénes tengo que amar de cerca y a quiénes a la distancia.

Pensamiento de hoy para alcanzar lo mejor de ti

En lugar del "más o menos", buscaré siempre el buen favor de Dios.

El poder de tu ascendencia

Pasaje para que alcances lo mejor de ti: Salmo 139:1-18

Tus ojos vieron mi cuerpo en gestación: todo estaba ya escrito en tu libro; todos mis días se estaban diseñando, aunque no existía uno solo de ellos.

—SALMO 139:16

HACE POCO LEÍ ACERCA DE UNAS FAMOSAS CARRERAS DE CAballo, del tipo de las que ves en el Kentucky Derby u otras competiciones de prestigio. Nunca me di cuenta del tiempo, el esfuerzo y los recursos que se destinan para lograr que un caballo logre estar entre los campeones. Siempre pensé que una persona iba a caballo y, de repente, descubría qué animal era muy veloz y dotado. Así decidía inscribir al caballo en algunas carreras. Obviamente, el desarrollo de un caballo ganador, requiere muchísimo más que eso. No por nada corre un caballo en el Derby de Kentucky.

En cuanto a las carreras de caballos, el agente centrará su atención en la raza, en los antepasados del animal y pasará meses estudiando alguna línea determinada, investigando el linaje del caballo y querrá analizar cómo era el padre del caballo en las carreras; el largo de su paso, su velocidad, tamaño y demás aspectos. Quienes crían caballos saben que los campeones no son campeones por casualidad. Está en su sangre. Puede costar medio millón de dólares criar a uno de estos purasangre de campeonato. No hay garantías de que el potrillo gane. De hecho, cuando nace el potrillo, sus piernas son débiles, apenas puede pararse y tiene los ojos vidriosos. El observador no conocedor podría decir: "Estos perdieron dinero. Ese caballo no podrá ganar nada. Parece un caballo común y corriente".

Pero los dueños saben lo que hay en la sangre de ese potrillo, que lleva dentro un legado de genes campeones. De hecho, en su interior tiene una docena de campeones mundiales. Está todo en la sangre. Por eso, no les preocupa necesariamente que el potrillo sea débil al nacer. No les importa de qué color es, ni si es lindo o grande. Porque saben que en lo más profundo ese potrillo tiene sangre de campeón.

· ·

Vienes de una línea de campeones.

· ·

Dios nos mira a todos de la misma manera. Nuestro aspecto externo es irrelevante. No importa de qué color es tu piel, ni cuál es tu raza. Ni cuántos defectos o debilidades tienes. Porque todos fuimos creados a imagen de Dios y venimos de una larga línea de campeones.

Piensa en esto: tu Padre celestial pronunció la existencia de las galaxias. Tu hermano mayor Jesús derrotó al enemigo. Piensa en algunos de tus ancestros naturales, como Moisés que partió en dos el Mar Rojo. Hay gran fe en tu sangre.

David, un pastorcito que derrotó a Goliat con unas pocas piedras que recogió en un arroyo. Hay coraje en tu sangre. Sansón derrumbó un edificio. Hay fuerza sobrenatural en tu sangre.

Daniel pasó toda una noche en la cueva de un león y salió ileso. La divina protección fluye por tus venas.

Nehemías reconstruyó los muros de Jerusalén, con todo en contra. Hay determinación y persistencia latiendo dentro de ti, impulsando tu sangre. La reina Ester arriesgó su vida con tal de salvar al pueblo de Dios. En tu sangre hay sacrificio y heroísmo.

Todos estos nombres de La Biblia no están tomados al azar. Forman parte de un linaje de fe ininterrumpido, que nos llega a nosotros, a tu vida y a la mía. Lo que Dios hizo en las vidas de estas personas, también quiere hacerlo en la nuestra. ¿Lo entiendes? Vienes de un linaje de campeones. No eres común. Eres un purasangre de raza. No importa cómo se vean hoy tus circunstancias. Entiende que por tus venas corre sangre de campeones. Por dentro, tienes semillas de grandeza, así que fíjate mejor en tu sangre. Porque llevas dentro de ti una serie de campeones. Eres simiente del Dios todopoderoso.

Tu linaje es la razón por la que tendrás que dejar de centrarte en tus defectos y debilidades para tener una visión más grande de tu vida. Entiende que Dios te ve como ocupante del podio de campeones. Ahora mira cómo te ponen la corona de campeón. Y por eso, David decía: *"todos mis días se estaban diseñando, aunque no existía uno solo de ellos"* (Salmo 139:16). Es decir que tal vez tengas treinta, cuarenta o cincuenta años de edad, pero Dios trabajo en ti durante muchísimo tiempo. Te tenía en sus planes, antes de que nacieras. Tu valor es extremo. No eres una persona común. Porque tienes un linaje importante. Tu destino es vivir en victoria, vencer y dejar tu marca en esta generación.

Oración de hoy para alcanzar lo mejor de ti

Gracias padre, por tu semilla en mi vida. No importa cómo me vean los demás, decido verme como me ves tú, en el podio de los ganadores, el lugar que preparaste para mí.

Pensamiento de hoy para alcanzar lo mejor de ti

Seré mejor y haré lo mejor este día. Porque lo llevo en la sangre.

Vive tu legado

Pasaje para que alcances lo mejor de ti: Efesios 1:3-11

Dios nos escogió en él antes de la creación del mundo, para que seamos santos y sin mancha delante de él.

—EFESIOS 1:4

PARA LA MAYORÍA DE LAS PERSONAS, UN CABALLO DE CARRE-ras no se ve muy distinto al caballo común, claro que son animales hermosos, pero la persona promedio no diferenciaría al campeón del caballo común y con buenos antepasados. Es que la diferencia está en la sangre. Eso hace que los campeones sean extremadamente valiosos.

Lo mismo sucede con nosotros. La Biblia dice que somos vencedores por la sangre de Cristo, palabra de nuestro testimonio y voluntad de entregar nuestras vidas (ver Apocalipsis 12:11). Por causa de lo que hizo Dios, cada uno de nosotros es un purasangre. Escucho que me dices: "Pero es que no sabes cómo fue mi vida, me equivoqué en tal cosa y cometí errores en tal otra y sigo con esta adicción".

Eso no cambia tu legado ni tu sangre y no cambia lo que hay en ti. Es posible que todavía no te diste cuenta de lo mucho que vales. No sabes que el precio que Dios pagó por ti es muy alto. Necesitas reconocer lo que tienes dentro. 1 Corintios 6:20 dice que fuimos comprados a un alto precio. Dios dio lo mejor de sí por ti. Dio a su único hijo. Así que, por favor no andes por ahí pensando que vales poco y que no tienes futuro. Porque dentro de ti hay un campeón. Está en tu sangre y probablemente nunca pensaste en lo que tienes, con detenimiento. Te equivocaste, sí, pero no permitas que tus errores te hundan. Leván-tate y vuelve a intentarlo. Porque tus errores o tus malas decisiones no cambian tu sangre. No cambian lo que hay en ti. Muchas veces la sociedad margina a alguien que se equivoca o toma malas decisiones.

Pero Dios no es así. Él ve tu potencial. Sabe de qué eres capaz, lo que puedes llegar a ser, porque Él es quien te diseñó y sabe que puedes lograr grandes cosas. Está en tu sangre.

....

Tu sangre espiritual vale más que tu sangre natural.

....

Dios te programó con todo lo que te hace falta para la victoria. Todos los días puedes decir: "Tengo lo que hace falta. Soy más que vencedor. Soy inteligente. Tengo talento. Tengo éxito y atractivo. La victoria es mía". Dios puso todas estas cosas en tu sangre. Admito que tengas que vencer ciertos elementos negativos provenientes de tu sangre natural, de tus ancestros. Pero recuerda: tu sangre espiritual es más potente que la sangre natural. Dios todopoderoso te escogió. Por tus venas fluye su sangre real. Así que, echa los hombros atrás y levanta la frente, sabiendo que Dios te escogió. Te apartó para sí antes de la fundación del mundo. Comprende tu valor y deja atrás toda inferioridad o inseguridad. El "campeón" está dentro de ti, esperando que lo descubras. Está en tu sangre.

En mi ciudad natal, la gente decía que los problemáticos: "Tenían sangre mala". Claro, hay algo de verdad en eso. Porque lo que llevamos en la sangre importa. Todos tenemos antepasados naturales como padres, abuelos, bisabuelos y otros en el árbol genealógico.

Pero también tenemos antepasados espirituales. La buena noticia es que tu sangre espiritual puede ganarle a la sangre natural. La Biblia nos habla de las cosas hechas nuevas. Lo viejo queda atrás (ver 2 Corintios 5:17). Es decir que entras en una línea nueva. Cuando puedes entender todo lo que Dios hizo por ti, empiezas a actuar y conducirte con tal entendimiento, puedes levantarte por sobre cualquier adversidad y vencer todo lo negativo de tu pasado. Hay poder en tu sangre espiritual, Dios es el gran arquitecto del universo. Lo planeó todo y designó que tú estés aquí, en este momento de la historia en particular. Esa es una de las razones por las que debiéramos sentir que tenemos destino y valor.

Comprende que tu valor no se basa en la forma en que te trataron o en lo perfecta que fue tu vida hasta hoy, o en los éxitos que tuviste.

Tu valor se basa únicamente en el hecho de que eres hijo del Dios altísimo. No, no somos perfectos y todos cometemos errores y tenemos defectos. Pero eso no cambia el valor que tenemos a los ojos de Dios. Somos la niña de sus ojos y de su posesión más preciada.

Oración de hoy para alcanzar lo mejor de ti

Cuando te llamo padre ¡Oh Dios! sé que estoy reclamando mi linaje espiritual. Ayúdame a vivir como tu hijo/hija.

Pensamiento de hoy para alcanzar lo mejor de ti

Mi Padre es el Rey de reyes.

Dios te tiene en mente

Pasaje para que alcances lo mejor de ti: Gálatas 3:23-29

*Y si ustedes pertenecen a Cristo, son la descendencia de Abraham
y herederos según la promesa.*

—GÁLATAS 3:29

QUIZÁS HAY COSAS QUE QUIERES CAMBIAR, PERO EN LUGAR DE centrar la atención en ello, toma lo que Dios te dio y aprovéchalo al máximo. Para Dios vales muchísimo. Alguien dijo así: "Si Dios tuviera un refrigerador, tu foto estaría en la puerta, si tuviese una billetera, llevaría tu foto. Dios te tiene en mente (ver Salmo 139:17-18). Dirás: "Joel, la verdad es que la vida no me trató muy bien y mis padres tenían los mismos problemas. Creo que es mi destino".

¡No! Tu destino en la vida es vencer y no ser víctima. Tu destino en la vida es ser feliz, con salud y plenitud. Claro que tendrás cosas para vencer en la sangre natural, pero tu linaje espiritual se ve perfectamente bien. Tu padre fue el que pronunció al mundo tu existencia. Quizás elegiría a cualquier otra persona para este lugar y este momento. Pero te eligió a ti. Te equipó y te dio su aprobación.

Me encanta el pasaje que dice: *"si ustedes pertenecen a Cristo son la descendencia de Abraham y herederos según la promesa"* (ver Gálatas 3:29). Significa que podemos tener todas las bendiciones de Abraham. Si estudias la vida de Abraham verás que fue próspero, sano y que su vida fue larga y productiva. Incluso considerando que no siempre tomó las mejores decisiones, disfrutaba de las bendiciones y el favor de Dios.

No importa cuántos errores cometiste, tienes que saber que dentro llevas la semilla de Dios todopoderoso. Tu actitud debería ser: "Tengo mucho por cambiar y hubo quienes me quisieron hundir. Tal vez la vida no me trato de lo mejor, pero eso no cambia el hecho de quién soy. Sé que puedo alcanzar mi destino". Deberías salir cada día esperando lo bueno, anticipando las bendiciones y el favor de Dios. Dios planeo todos tus días para bien y no para mal.

· ·

Dios podría haber elegido a cualquier otra persona para este momento y este lugar, pero te eligió a ti.

· ·

"No veo que suceda todo eso en mi vida. Pasé por grandes adversidades", dirás.

Pero sigue adelante, sigue creyendo, Dios dice que Él tomará todas esas experiencias negativas y las transformará para bien, usándolas en tu provecho.

Recuerda que somos llamados a vencer. Eso significa que habrá obstáculos. No se pueden obtener grandes victorias sin batallas difíciles. Jamás alcanzarás un gran testimonio si no pasas por unas pocas pruebas. El enemigo se vuelve más feroz cuando sabe que Dios tiene algo grande reservado para ti.

Y si te sucedieron injusticias o te robaron y engañaron, Las Escrituras dicen que Dios te dará dos veces lo que perdiste (ver Isaías 61:7). Si hoy pasas por momentos difíciles, declara: "Voy a salir de esto con el doble de gozo, de paz, honor y el doble de posición". Cuando despiertes cada día, declara: "Hoy será el día de la victoria en mi vida. Espero el favor sin precedentes que Dios me dará. Favor, mejora, abundancia, todo está al llegar".

Oración de hoy para alcanzar lo mejor de ti

Me baso en las promesas y la fidelidad ¡Padre! para esperar lo bueno y anticipar el favor en este día.

Pensamiento de hoy para alcanzar lo mejor de ti

Valgo muchísimo para Dios y Él me tiene en mente.

El poder de Dios, a tu favor

Pasaje para que alcances lo mejor de ti: Filipenses 3.12-14

Sigo avanzando hacia la meta para ganar el premio que Dios ofrece mediante su llamamiento celestial en Cristo Jesús.

—FILIPENSES 3:14

M E HAN DICHO: "JOEL, SÉ QUE UN DÍA SERÉ FELIZ Y UN DÍA disfrutaré de mi vida al máximo".

Aprecio eso, pero Dios quiere que disfrutemos de la vida ahora mismo, en este momento tan desagradable. Quiere que tengamos un poco del cielo en la tierra, allí donde estamos. Una de las razones por las que vino Cristo fue para que tengamos vida en abundancia. Puedes ser feliz y libre en esta vida y no simplemente cuando llegues al cielo. ¡Puedes cumplir tus sueños antes de ir al cielo!

¿Cómo hacerlo? Gracias al poder de Dios que hay dentro de ti. La Biblia dice: *"Dios nos ha redimido de la maldición de la ley"* (ver Gálatas 3:13). La maldición es lo que hay tras toda derrota, pecado, error, mala decisión, miedo, preocupación, constante enfermedad, malas relaciones o actitudes. Entiende, por favor, que son cosas que no pueden atarte ni esclavizarte. Te doy la razón, si no aprecias, ni aprovechas tu libertad y no diriges tus pensamientos, palabras y actitudes en dirección correcta, entonces de nada te servirán.

Podrás esperar de brazos cruzados, a que Dios haga lo sobrenatural en tu vida. Pero la verdad es que Él está esperándote. Tienes que levantarte en autoridad, con un poco de coraje, determinación y decir: "No voy a vivir una vida mediocre, atado a adicciones, cosas negativas y derrotas. ¡No! Voy a hacer como el apóstol Pablo y seguiré avanzando. Voy a tomar todo lo que Dios tiene reservado para mí".

Muchas veces somos como perritos que ataron durante tanto

tiempo, que tienen sus límites incorporados. Nos condicionamos al fracaso. Y aunque somos libres, no actuamos, ni vivimos con libertad. Dios nos quitó las cadenas de las adicciones, las derrotas personales y las malas actitudes. El problema es que pensamos que seguimos atados.

"Siempre fui así. Siempre tuve problemas con mi mal carácter. Siempre tuve esta adicción", se lamentan algunos. ¡No! Debes darte cuenta de que eres libre ahora. Hace dos mil años, Dios cortó aquel collar que te mantenía dentro de los límites y ahora de ti depende que salgas y camines más lejos.

¿Cómo ir más allá de las limitaciones? Cambiando tu actitud. Deja de decir: "No puedo. Nunca estaré bien. Siempre tendré deudas. Tengo tantas cosas por cambiar y vencer".

Todo enemigo en tu vida fue derrotado: la preocupación, la depresión, la adicción, la pobreza, y tienes poder por sobre todo eso. El mismo poder que resucitó a Cristo de entre los muertos está en ti. No hay nada en tu vida que no puedas vencer. No hay dolor tan grande que no puedas perdonar. Tienes el poder de dejar atrás todo lo negativo. Es posible que te tumben cientos de veces, pero tienes poder para volver a levantarte. Es posible que el diagnóstico del médico no sea bueno, pero tienes poder para mantenerte firme y de pie.

Niégate a quedarte de brazos cruzados, aceptando cosas que no son lo mejor que Dios tiene para ti. Que tu actitud sea: "Sé que no hay cadenas que me aten. Sé que el precio por mí es alto, que aunque deba creer durante toda mi vida y tenga que mantenerme firme en la fe hasta que muera, no voy a sentarme a aceptar la mediocridad en mi vida. ¡Voy a seguir adelante!".

Oración de hoy para alcanzar lo mejor de ti

Padre, ayúdame a vencer las cosas que me limitaron y permíteme seguir avanzando, más allá de todas esas cosas, para llegar a la libertad y el favor que tú tienes destinados para mí.

Pensamiento de hoy para alcanzar lo mejor de ti

Con Dios puedo vivir más allá de mis limitaciones.

Vence esa historia negativa

Pasaje para que alcances lo mejor de ti: Efesios 6:10-19

Porque nuestra lucha no es contra seres humanos, sino contra poderes, contra autoridades, contra potestades que dominan este mundo de tinieblas, contra fuerzas espirituales malignas en las regiones celestiales.

—EFESIOS 6:12

ES ASOMBROSO PERO CIERTO: LAS DECISIONES QUE TOMAMOS hoy afectan a nuestros hijos y a los hijos de nuestros hijos durante múltiples generaciones. La Biblia habla de la iniquidad de los padres que puede pasar hasta tres o cuatro generaciones siguientes. Eso incluye los malos hábitos, las adicciones, la negatividad, la mentalidad equivocada y otros tipos de iniquidades. Quizás tengas hoy ciertos problemas porque quienes vinieron antes que tú tomaron malas decisiones. Muchas veces, sucede que puedes mirar atrás y ver los resultados de esas decisiones en alguna parte de tu línea familiar. Es importante que reconozcamos lo sucedido y no aceptemos pasivamente estos patrones disfuncionales. "Bueno, es que así soy yo. Esta pobreza y enfermedad estuvieron en mi familia por años".

¡No! Tienes que levantarte y hacer algo respecto de tu historia negativa. Tal vez por años estuviste allí, pero la buena noticia es que no tiene por qué seguir donde estás. Puedes ser tú quien diga ¡basta! Tú puedes ser quien elija la bendición y no la maldición.

Comprende que si tienes problemas en una o más de estas áreas, no implica que seas mala persona. No tienes que andar llorando y lamentándote, sintiéndote culpable, condenado, porque hay obstáculos por vencer. Y muchas veces, ni siquiera será tu culpa. Habrá alguien más que tomó malas decisiones y tú tienes que lidiar con las repercusiones de eso. Sin embargo, cuídate de no usar los pecados ajenos como excusa para perpetuar malos patrones de vida. Tienes que plantarte firme y hacer algo.

· ·

Tu puedes ser quien elija la bendición y no la maldición.

· ·

Uno de los primeros pasos para vencer un problema es reconocerlo. Identificarlo. No ignorarlo. No barrerlo bajo la alfombra esperando que desaparezca. Porque no lo hará.

Si eres holgazán y te falta disciplina, no te excuses. Admítelo diciendo: "Voy a ocuparme de esto". Si tu problema es la ira o si no tratas a los demás con honor y respeto, no intentes convencerte de que todo está bien. Admite tu problema y ocúpate.

Luego, pon en práctica lo que dice La Biblia: *"confiésense unos a otros sus pecados, y oren unos por otros, para que sean sanados"* (Santiago 5:16). Observa que debes sincerarte y confesar tus pecados. También observa que necesitas encontrar a un buen amigo, maduro y decir: "Necesito que me ayudes. Tengo problemas en esta área y necesito que ores conmigo".

Muchas veces hacemos todo lo contrario. Pensamos: "No le diré a nadie de este problema, ¿qué van a pensar de mí? Me daría mucha vergüenza". Más bien, trágate tu orgullo, confiesa tu debilidad y obtén la ayuda que necesitas para ser libre. No es fácil admitir que necesitamos ayuda. Pero es necesario y liberador.

Podrás contra todo lo que se te oponga. No hay adicción imposible para Dios. No hay fortaleza impenetrable para Él. No importa durante cuánto tiempo lo tuviste o cuántas veces lo intentaste y fracasaste, hoy es un nuevo día. Si te sinceras, reconoces a qué te enfrentas y buscas quien te enseñe a rendir cuentas, también empezarás a vivir bajo la bendición y no la maldición. Puedes romper con todos esos patrones negativos y dar inicio a uno nuevo de bondad y amor, que legarás a tus descendientes.

También, asume la responsabilidad de tus acciones. Dios te dio libre albedrío. Puedes decidir que cambiarás. Puedes elegir nuevos parámetros de vida. Toda buena decisión romperá con los patrones equivocados que otros eligieron en tu línea de familia. Cada vez que te resistas a una tentación estarás un paso más cerca de la victoria. Puede ser que tu historia sea negativa, pero no por eso será perpetua. No podemos cambiar el pasado, pero sí el futuro si tomamos hoy las decisiones correctas.

....

Puedes decidir el cambio.

....

Pon punto final a los patrones negativos que heredaste. No importa cuánto tiempo estuvieron allí, puedes ser tú quien marque la diferencia. Recuerda que es una batalla espiritual (ver Efesios 6:10-18). Tienes que asumir autoridad sobre toda fortaleza que te mantenga en esclavitud. Reconoce el problema, identifícalo y sácalo a la luz ocupándote de ello. Al hacerlo, verás las bendiciones y el favor de Dios en tu vida y podrás legar cosas buenas a las generaciones que vendrán.

Oración de hoy para alcanzar lo mejor de ti

Padre, quiero dar el paso que me permita vencer el pasado.
Ayúdame a identificar lo disfuncional, a confesarlo y
a confiar en ti para vencerlo con tu poder.

Pensamiento de hoy para alcanzar lo mejor de ti

Hoy cambio un pasado doloroso por un futuro de esperanza.

La bendición generacional

*Traigo a la memoria tu fe sincera, la cual animó primero a tu
abuela Loida y a tu madre Eunice, y ahora te anima a ti. De eso
estoy convencido.*

—2 TIMOTEO 1:5

PENSAMOS SOBRE NOSOTROS MISMOS CON DEMASIADA FRE-
cuencia. "Bueno, Joel, es mi vida. Sé que tuve algunos hábitos
malos y sé que tengo mal carácter. También que no trato bien a todos.
Pero está bien, puedo manejarlo". El problema con este tipo de mentalidad es que no solo te perjudica sino que hace más difícil la vida
a quienes vengan más tarde. Las cosas que no logramos vencer, esos
problemas que quedan sobre la mesa, pasarán a la siguiente generación y tendrán un problema más por resolver. Ninguno de nosotros
vive o muere para sí mismo. Los buenos hábitos, las malas decisiones,
como las adicciones y las malas actitudes o la mentalidad equivocada,
se legan a los descendientes.

Pero hay una buena noticia, toda buena decisión, resistirnos a
la tentación, toda honra a Dios y hacer lo correcto, no solo significa
elevarnos sino hacer la vida un poquito más fácil a las generaciones
venideras.

Veámoslo de este modo: todos tenemos una cuenta bancaria espiritual. Según vivamos, estaremos depositando allí activos o pasivos. El
activo sería todo lo bueno: nuestra integridad, determinación y nuestra forma de vida agradando a Dios. Eso almacena bendiciones. Pero
por otro lado, el pasivo incluye nuestros malos hábitos, adicciones,
egoísmo y falta de disciplina. Todas las cosas, sean buenas o malas, las
heredarán las generaciones futuras.

....

Cada uno de nosotros tiene una cuenta bancaria espiritual.

....

Me gusta ver mi vida como una serie de vueltas en la maratón que corre toda nuestra familia. Cuando termine mi vida, les entregaré la posta a mis hijos. En este bastón de la posta estarán mis genes físicos, como mis características, color de cabello, de ojos, tamaño y también estará mi ADN espiritual y emocional. Incluirán mis tendencias, actitudes, hábitos y mentalidad.

Mis hijos tomarán la posta, correrán sus vueltas y luego pasarán el bastón de posta a sus hijos y así seguirá la historia familiar. Cada vuelta que corramos con propósito, pasión e integridad estaremos añadiendo una vuelta más que podrá ser de utilidad para quienes vengan detrás. En cierto sentido, esas vueltas que corremos proporcionarán a las generaciones futuras el camino hacia el éxito y el sentido de la vida.

Incluso si no tienes hijos, vivirás a través de las personas en las que has influenciado o impactado con tus hábitos, actitudes y todo lo que representas. Serás el legado de alguien más.

Pensemos en la imagen completa. Quiero dejar mi línea familiar mejor de lo que la recibí. No quiero que el egoísmo, las adicciones o los malos hábitos perjudiquen mi vida. Quiero que todo en mi vida sirva para hacerles el camino más fácil a quienes vengan detrás.

Oración de hoy para alcanzar lo mejor de ti

Gracias, Padre, por permitirme ver parte de la imagen completa.
Quiero que durante mi vida pueda depositar activos en el
legado que les dejaré a mis hijos. Y así será, con tu ayuda.

Pensamiento de hoy para alcanzar lo mejor de ti

Hoy depositaré activos en mi cuenta espiritual.

Un legado invalorable

Es como el árbol plantado a la orilla de un río que, cuando llega su tiempo, da fruto y sus hojas jamás se marchitan.¡Todo cuanto hace prospera!

—SALMO 1:3

SI LA ENFERMEDAD, LAS ADICCIONES Y LA MENTALIDAD EQUIvocada pueden legarse en una familia, ¿cuánto más las bendiciones de Dios, Su favor y los buenos hábitos?

Sé que gran parte del favor y la bendición en mi vida no proviene de mis esfuerzos. No fui quien acumuló todo aquello de lo que hoy disfruto. Lo recibí como legado de mi padre y mi madre. No solo me dejaron una herencia física, sino que también impartieron una herencia espiritual.

Podemos edificar sobre el pasado. Mi padre avanzó cuarenta años a lo largo del camino al entregarme la posta, cuando dejó el ministerio de la Iglesia Lakewood. Mi sueño es avanzar para mis hijos mucho más. No hablo de dinero sino de sus actitudes, al ayudarles con sus hábitos de trabajo, con su carácter y en su andar con Dios.

Tenemos que recordar que las generaciones se conectan. Siembras semillas para las generaciones futuras. Lo sepas o no, todo lo que hagas cuenta. Cada vez que perseveras, que eres fiel,y que sirves a los demás, estás marcando una diferencia y acumulando activos en tu "cuenta generacional". En la vida es fácil pensar: "Bueno, soy un hombre de negocios, soy ama de casa o soy una madre soltera que cría a sus hijos y trabaja. No voy a hacer nada grandioso. Seamos realistas".

¡No! Tienes que pensar en términos generacionales. El hecho de que trabajas duro, que eres fiel a tu cónyuge y familia; que lo das todo, implica que estás sembrando para quienes vengan detrás de ti.

Tal vez no lo veas mientras vivas, pero siembras una semilla que hará que un hijo o nieto llegue a hacer algo grandioso. No te desalientes. Es tu legado familiar. No estás cambiando tu vida nada más,sino tu árbol genealógico

....

Todo lo que haces, cuenta.

....

Mi abuela paterna trabajó muy duro casi toda su vida. Mis abuelos tenían plantaciones de algodón y perdieron todo lo que tenían durante la gran depresión. No tenían mucho dinero, y el alimento escaseaba. En realidad, no podían ver para sí un futuro. Mi abuela trabajó doce horas al día para ganar diez centavos por hora, como lavandera: era un dólar con veinte al día.

Pero jamás se quejó por eso. No iba llorando con esa mentalidad de "pobrecita". Se esforzaba y lo daba todo. Era persistente, decidida. Quizás no lo vio, pero sembró para sus hijos. Porque les legó esa determinación, esfuerzo y persistencia y mi padre edificó sobre eso. Como la abuela echó los cimientos, papá pudo salir de la pobreza y la depresión, criando a su familia en un nivel totalmente nuevo. La abuela nunca disfrutó de las bendiciones y el favor del que gozaron sus descendientes. Pero si no estaba dispuesta a pagar el precio, mi padre tal vez nunca saldría de la pobreza. Yo no estaría disfrutando de esta época de servicio y utilidad que vivo hoy.

Con Victoria solemos obtener crédito sin problemas y vivimos con éxito. Pero aprendimos a mirar atrás y otorgar el crédito a quien lo merece: nuestros antepasados. En nuestros árboles genealógicos hubo mucha gente que nos ayudó a lo largo del camino.

La abuela jamás recibió gran ovación por lo que hizo en su vida. Nada de gloria, pero sí corrió varias vueltas importantes en la carrera de nuestra familia. Cuando pasó la posta, pasó a la siguiente determinación, persistencia y esa actitud de no rendirse, con mentalidad de poder lograrlo. Esas características hoy forman parte del legado de nuestra familia. Creo que dentro de cuatro o cinco generaciones la gente de nuestra familia estará mucho mejor, gracias a la abuela Osteen.

....

No solo estás cambiando tu vida, sino todo tu árbol genealógico

....

Oración de hoy para alcanzar lo mejor de ti

Padre, quiero darte gracias por aquellos que me dejaron un legado de fidelidad. Ayúdame a recordar todos los días que también puedo agregar cosas buenas para los que lo recibirán la próxima generación.

Pensamiento de hoy para alcanzar lo mejor de ti

Hoy añadiré persistencia a mi legado familiar.

Una verdadera ventaja

Pasaje para que alcances lo mejor de ti: 2 Samuel 7:1-7

Cuando tu vida llegue a su fin y vayas a descansar entre tus ante-
pasados, yo pondré en el trono a uno de tus propios descendientes,
y afirmaré su reino. Será él quien construya una casa en mi honor,
y yo afirmaré su trono real para siempre.

—2 SAMUEL 7:12-13

A MENUDO VERAS MÁS ALLÁ DEL LUGAR AL QUE VAS COMO
persona. Dios pondrá en ti algo mucho más grande de lo que
lograrías por tus propios esfuerzos. No te sorprendas si tus hijos o
nietos completan algo que iniciaste. Escuché por ahí decir: "En una
sola vida no se logra nada que sea verdaderamente grande". En ese
momento, no entendía lo que escuchaba porque obviamente, toda
generación puede lograr algo grande. Pero sí aprendí que a veces los
planes de Dios abarcan a más de una generación.

Escuché a mi padre decir muchas veces: "Un día edificaremos un
auditorio para veinte mil personas. Un día tendremos un lugar grande
donde reunirnos todos para adorar a Dios". Mi padre tuvo la visión
y Dios usó a sus hijos para completarla. Pero si él no era fiel, si no
seguía decidido, manteniendo ese espíritu excelente, no creo que se
concretara todo eso. Papá sembró las semillas, preparó el camino y los
miembros de mi familia, además de millones de personas, disfrutaron
de la bendición como resultado de todo.

Es posible que tengas un gran sueño en el corazón. Recuerda que
Dios puso aquella semilla en ti, desde el principio. Y que tus hijos y
nietos la llevarán más lejos de lo que imaginas. En el Antiguo Testamento, el sueño del rey David fue el de edificar un templo permanente, donde el pueblo de Dios lo adorase. David reunió todo lo

necesario, trayendo enormes cedros del Líbano y amasó una fortuna en oro y otros metales preciosos. Pero Dios no permitió que David construyera el templo. En cambio, instruyó al hijo de David, Salomón, para que construyera su casa de adoración.

....

Puedes albergar un gran sueño en tu corazón. Dios
puso aquella semilla en ti, para que lo inicies.

....

Entrega lo mejor de ti. Dios está al mando, siempre. Además, mientras siembras y vives con excelencia, sabrás que estás marcando una diferencia. En el momento, según los perfectos tiempos de Dios, verás el fruto de tu labor.

Las Escrituras dicen que el pueblo de Dios dejó la tierra mejor que cuando la encontraron (ver 1 Crónicas 4:40). También debería ser nuestro objetivo: quiero dejar a mi familia con más integridad, gozo, fe, favor y más victoria. Y voy a dejar a mis seres amados libres de ataduras y más cerca de Dios.

Tal vez, tus padres no te criaron para que alcanzaras el éxito al plantar características positivas en tu linaje. Quizá heredaste actitudes de derrota, mediocridad, adicción y negatividad. Pero gracias a Dios puedes iniciar una nueva línea familiar. Puedes ser quien establezca un nuevo parámetro.

Alguien tiene que disponerse a pagar el precio. Alguien tiene que disponerse a limpiar las sobras que quedaron en la mesa. Puede que cosas negativas hayan quedado en tu familia, pero no por eso tienen que permanecer allí. Todo lo que hace falta es que una persona se levante, firme y comience a tomar decisiones mejores. Toda buena decisión comienza a cambiar las malas decisiones de quienes te precedieron.

Tal vez no lo hizo nadie más, pero si efectúas cambios positivos, un día tus descendientes mirarán atrás y dirán: "Fue por este hombre. Fue por esta mujer. Fueron ellos el punto de inflexión. Estuvimos derrotados hasta ese entonces y adictos. Mira lo que pasó cuando apareció esta persona,cambió todo. Pudimos llegar más alto".

¿Qué fue lo que sucedió? Se rompió la maldición y comenzaron las bendiciones. ¡Eso puedes hacer por tu familia!

···

Alguien tiene que estar dispuesto a pagar el precio.

···

Oración de hoy para alcanzar lo mejor de ti

*Gracias, padre, por los sueños. Los grandes y los pequeños. Con tu
ayuda hoy tomo decisiones mejores, más saludables y sabias.*

Pensamiento de hoy para alcanzar lo mejor de ti

Haré que la vida sea mejor para mis tataranietos por nacer.

Tu casa prevalecerá

Pasaje para que alcances lo mejor de ti: 1 Samuel 25:2-42

Yo le ruego que perdone la falta de esta servidora suya. Cierta-
mente, el Señor le dará a usted una dinastía que se mantendrá
firme, y nunca nadie podrá hacerle a usted ningún daño, pues
usted pelea las batallas del Señor.

—1 SAMUEL 25:28

POR CIERTO, CADA UNO DE NOSOTROS ES RESPONSABLE DE SUS acciones y tú como yo debemos trabajar con diligencia para aprovechar las oportunidades que se presentan. Pero La Biblia también indica que cuando tenemos este legado de fe, viviremos en casas que no edificamos y disfrutaremos de viñedos que no plantamos. Las bendiciones de Dios vendrán, una tras otra, y nos abrumarán. Agradezco a Dios todos los días por mis padres y mis abuelos. Debido a la forma en que vivieron y lo que hicieron, hoy no vivo bajo una maldición generacional, sino bajo la bendición generacional.

Puedes hacer algo parecido por tu familia. El dinero, las propiedades, los autos u otras posesiones materiales podrán formar parte del legado a tus hijos. Si les dejas esas cosas a tus herederos, está bien. Vivir una vida de integridad y excelencia que honre a Dios, vale muchísimo. Que le pases el favor y las bendiciones de Dios a las futuras generaciones vale más que cualquier otra cosa en este mundo.

No busques la salida fácil. Esfuérzate cuando sea difícil. Mantén el amor, la entrega y el servicio. Tu fidelidad se nota en el cielo. Tú almacenas activos para las generaciones que vienen.

1 Samuel capítulo 25 relata la forma en que David y sus hombres protegieron la familia y los obreros de un hombre llamado Nabal, cuando los enemigos atacaban. Un día David envió a sus hombres para

pedirle a Nabal alimento y provisiones. El pensó que Nabal, agradecido, les daría sin problemas todo lo que las tropas de solicitaran. Pero cuando llegaron los hombres, los trató con desdén, sin respeto alguno. Les dijo: "Ni siquiera los conozco. No les pedí que hicieran nada de esto, así que váyanse. No me molesten".

Cuando los hombres volvieron y le dijeron a David lo insolente que fue Nabal, enfureció. Les dijo: "Muy bien, hombres. Tomen sus espadas. Nos ocuparemos de Nabal. Lo eliminaremos".

Pero mientras avanzaban, David fue interceptado por la esposa de Nabal, Abigail. Ella escuchó cómo trataba Nabal a los hombres y le trajo provisiones y regalos con la esperanza de aplacar la ira de David. Le dijo: "David, mi esposo es maleducado e ingrato. No debió tratarte como lo hizo". En el versículo 28, dijo: "Pero, si perdonas esta ofensa, sé que Dios te dará una casa que perdurará".

Me gusta esa frase: "una casa que perdurará". Lo que Abigail decía es: "David, tienes derecho a estar enojado. Mi esposo te devolvió mal por bien, pero si puedes dejarlo pasar, tomando el camino alto y olvidando la ofensa, Dios te bendecirá a ti y a tu familia durante generaciones. Sé que Él te dará una dinastía que se mantendrá firme". David tragó su orgullo, se alejó y dejó pasar la ofensa. Lo perdonó y Dios lo bendijo a él, a sus hijos y a futuras generaciones.

Puede ser difícil, pero tienes el poder de vencer las malas decisiones que tomaron tus antepasados. Más allá de eso, puedes mejorar la vida de las generaciones que vendrán después de ti. Toda ofensa que perdones, mal hábito que rompas y toda victoria que obtengas, serán una vuelta menos en la carrera para los que vengan detrás. Aunque no lo hagas por ti, hazlo por tus hijos y tus nietos. Para que tengas una casa que perdure.

Oración de hoy para alcanzar lo mejor de ti

*Gracias, padre, por la esperanza que puedo dejar como
legado. Muéstrame las cosas que realizo y hacen peligrar
mi legado y ayúdame a apartarme de ellas.*

Pensamiento de hoy para alcanzar lo mejor de ti

Cuando hoy me ofenda alguien, lo dejaré pasar.

Entra en tu divino destino

Pasaje para que alcances lo mejor de ti: Jeremías 1:1-10

"Antes de formarte en el vientre, ya te había elegido; antes de que nacieras, ya te había apartado; te había nombrado profeta para las naciones."

—JEREMÍAS 1:5

ANTES DE QUE NACIERAS DIOS TE VIO, TE DOTÓ CON DONES Y talentos diseñados específicamente para ti. Te dio ideas y creatividad, además de áreas en las que podrás destacarte. ¿Por qué se siente tan insatisfecha la gente con respecto su vida, solo van a trabajar día tras día para ganarse el pan y hacen lo que ni siquiera les gusta? La respuesta es simple: no van tras los sueños y deseos que Dios puso en sus corazones. Si no avanzas hacia el destino que Dios tiene designado para ti, siempre crecerá la tensión y la insatisfacción en tu interior.

No se irán con el tiempo. Permanecerán allí mientras vivas. No pienso en nada más trágico que llegar al fin de la vida en la tierra y darme cuenta de que uno no "vivió" en realidad, que no llegamos a ser aquello para lo que Dios nos creó. El saber que uno sobrevivió, soportando una vida promedio, mediocre. Arreglándoselas, sí, pero viviendo sin pasión o entusiasmo y permitiendo que el potencial que llevamos dentro quedara allí, dormido, sin que lo tocáramos siquiera.

Alguien dijo que el lugar más rico de la tierra no es ni Fort Knox, ni los pozos petroleros de Medio Oriente. Tampoco las minas de oro y diamantes de Sudáfrica. Irónicamente, los lugares más ricos de la tierra son los cementerios; allí, enterrados en las tumbas, hay todo tipo de sueños y deseos que no se cumplirán jamás. Debajo de la tierra hay libros que no se escribirán jamás, negocios que no se iniciarán y relaciones que nunca se formarán. Lamentablemente, el increíble poder del potencial está allí, en esas tumbas.

···

Dios depositó en ti un don, un tesoro, pero tendrás
que hacer tu parte para que salga a la luz.

···

Una de las mayores razones por las que tanta gente vive infeliz y sin entusiasmo, es que no llegaron a concretar sus destinos. Entiéndelo: Dios depositó en ti un don, un tesoro, pero tendrás que hacer tu parte para que salga a la luz.

¿Cómo hacerlo? Es simple: decide que vas a centrarte en tu destino divino y que avanzarás hacia los sueños y deseos que Dios puso en tu corazón. Nuestro objetivo debería ser el de vivir la vida en su plenitud, buscando nuestras pasiones y sueños. Entonces, cuando llegue el momento de partir, habremos usado todo el potencial posible. No vamos a enterrar nuestros tesoros, sino vivir nuestras vidas en plenitud. Viviremos bien.

¿Cómo descubres el sentido de destino divino? No es complicado. Tu destino tiene que ver con lo que te entusiasma. ¿Qué cosas te apasionan? ¿Qué es lo que te encanta hacer realmente? Tu destino formará parte de los sueños y deseos que hay en tu corazón, parte de la naturaleza misma. Porque Dios te creó y Él es quien puso los deseos en ti; no debería sorprenderte que el destino tenga que ver con algo que disfrutas. Por ejemplo, si realmente te gustan los niños, probablemente tu destino tenga que ver con ellos: enseñar, entrenar, cuidarlos, ser mentor de niños. Tu destino por lo general seguirá ese sueño que te apasiona.

Cuando era muchacho pasaba la mayoría de mis fines de semana en la Iglesia Lakewood, donde mi padre era el pastor principal. En esa época la iglesia tenía algunas cámaras industriales pequeñas y pasaba el sábado entero jugando con el equipo de televisión. No sabía cómo funcionaba todo, pero me fascinaba. Encendía y apagaba la cámara, la desconectaba y la volvía a conectar, enrollaba los cables y preparaba todo para el domingo. Me apasionaba eso porque era algo natural para mí.

Ahora, mirando atrás, veo que mi amor por la producción televisi-va formaba parte del destino que Dios me dio. Dios me creo con esta pasión dentro de mí, antes de la fundación del mundo.

Fui a la universidad y estudié televisión durante un año. Volví a casa e inicié un ministerio de televisión en la Iglesia Lakewood. Hoy estoy del otro lado de las cámaras y puedo ver que Dios guío mis pasos y me preparó para que cumpliera mi destino.

Tal vez no te guste el campo en el que trabajas. Despiertas cada mañana con terror de ir al trabajo. Porque lo que haces carece de sen-tido y te parece mundano.

Si te sientes así, tal vez llego el momento de reexaminar lo que es-tás haciendo. Dios no te creó para que vivas una vida de insatisfacción y sufrimiento. Asegúrate de estar en un campo de acción que forme parte de tu destino. No gastes veinticinco años de tu vida en algo que no tiene sentido, que no te gusta, quedándote allí solo porque es conveniente y porque no quieres cambiar las cosas. ¡No! Da un paso adelante y entra en tu destino divino.

Oración de hoy para alcanzar lo mejor de ti

Padre, siento ansias de descubrir el destino que tienes en mente para mí. Ayúdame a prestar atención a los sueños y deseos que me das.

Pensamiento de hoy para alcanzar lo mejor de ti

La clave de mi destino es aquello que me encanta hacer.

Una vida con dones y talentos

Pasaje para que alcances lo mejor de ti: Romanos 12:1-8

Tenemos dones diferentes, según la gracia que se nos ha dado. Si el
don de alguien es el de profecía, que lo use en proporción con su fe.

—ROMANOS 12:6

DIOS TE DIO DETERMINADOS TALENTOS, DONES O DESTREZAS
y habilidades. Son esas cualidades que te salen bien, que sabes
hacer o áreas en las que te destacas. No des todo eso por sentado.
Podrá ser en ventas o comunicaciones, o en alentar a las personas, en
atletismo o en mercadeo. Sea lo que sea, no lo desprecies sólo porque es fácil y natural para ti. Eso puede ser precisamente lo que Dios
puso dentro de ti. Puede que sea tu destino. Asegúrate de explorarlo
a fondo recordando, lo que para uno es aburrido, para otros será el
área de su destino.

Mi cuñado Kevin es administrador de la Iglesia Lakewood y es de
enorme ayuda para todo el personal. Kevin presta atención al deta-
lle, extremadamente organizado y eficiente. Planifica con sabiduría y
aprovecha bien su tiempo. No es algo que aprendió meramente en un
seminario de administración del tiempo. Es un don que Dios le dio
(en mi opinión, no es normal ser tan organizado,pero me alegro de
que Kevin lo sea).

Cuando supervisábamos la renovación del Centro Compaq, que
representó cien millones de dólares, con el fin de transformar el edificio en lo que hoy es el auditorio de la Iglesia Lakewood, Kevin conocía
cada uno de los detalles del proyecto de construcción. Sabía en qué se
gastaba cada centavo y podía explicar por qué. Y más allá de eso, decía
que lo mismo se hacia en tres maneras diferentes, para ahorrar dinero.
Kevin es una persona que se fija en los detalles.

Cuando Victoria, nuestros hijos y yo salimos de vacaciones con la familia de Kevin y Lisa; el me manda un itinerario de antemano. Me envía los boletos y el informe del clima. Me manda información sobre alquiler de autos e instrucciones sobre cómo llegar a cada lugar. En la mañana del día del vuelo nos llama para decirnos dónde hay embotellamientos de tránsito en la autopista. Una vez, en el aeropuerto, observé que olvidé mi licencia de conducir. Ahora Kevin me manda instrucciones por escrito, con respecto a asuntos que ni se me cruzan por la mente. Él me recuerda que lleve mi licencia de conducir. Tiene ese don, ese talento de pensar en los detalles.

....

No podrás hacerlo todo bien, pero sí hay algo que haces bien.

....

Kevin se mantiene dentro del área en la que se destaca, es excelente como administrador y puede pensar: "Bueno, si subo allí y predico, estaría marcando una diferencia". Pero no, porque si Kevin predicara, tal vez no necesitaríamos el Centro Compaq. No sabe predicar. Y yo no sé administrar. Él hace aquello en lo que es naturalmente bueno. Me dijo varias veces: "Joel, este empleo es un sueño hecho realidad". Le encanta ir a trabajar todos los días. Siente pasión por su trabajo. Es bueno en lo que hace y eso forma parte de su destino.

Tienes que conocer cuáles son tus puntos fuertes naturales y usarlos aprovechándolos al máximo, para ti y para beneficio de los demás. En Romanos 12 versículo 6, leemos: *"Dios le ha dado a cada uno de nosotros la capacidad de hacer bien determinadas cosas"*. No puedes hacerlo todo bien, pero sí hay cosas que haces bien. Concéntrate en esas cosas que son tus puntos fuertes y asegúrate de no desperdiciar tu destino por estar haciendo algo que no es lo tuyo por naturaleza. Cuando realmente estás en tu destino, las cosas no son una lucha constante. Te sientes bien haciéndolo.

Oración de hoy para alcanzar lo mejor de ti

Padre, espero con gozo saber establecerme en aquello que tienes destinado para mí, porque esa será la mejor vida que podría tener.

Pensamiento de hoy para alcanzar lo mejor de ti

Prestaré más atención a aquello que sé hacer bien.

Sentir el placer de Dios

Pasaje para que alcances lo mejor de ti: 1 Corintios 12:4-11

Todo esto lo hace un mismo y único Espíritu, quien reparte a cada uno según él lo determina.

—1 CORINTIOS 12:11

PROVERBIOS 18:16 DICE QUE UN DON ES UN REGALO DE DIOS Y abre puertas. Estoy convencido de que si llegas a destino, no importa dónde estés, no tendrás problemas en conseguir trabajo o ser feliz. No tendrás problemas en encontrar amigos y oportunidades. De hecho, si te centras en puntos fuertes y haces aquello para lo que tienes habilidad natural, lo más probable es que termines rechazando ofrecimientos y oportunidades.

Pero si no te sientes pleno, es muy probable que sea porque no buscas tu destino. Cumple los sueños que Dios puso en tu corazón. ¿Estás usando el potencial que tienes dentro? ¿Has descubierto en qué te destacas, qué es lo que te sale bien naturalmente? ¿Te destacas en ese campo específicamente?

Si tu llamamiento es ser madre y ama de casa, criando a tus hijos, haz lo que mejor puedas. No permitas que la sociedad te presione para que trabajes profesionalmente, solo porque tus amigas lo hacen. Reconoce tu propósito y hazlo bien.

En cambio, si tu don es para las ventas, no estés tras un escritorio todo el día, a solas en una oficina. Entra en el área de tu don y haz lo mejor que puedas. Si vas a cumplir tu destino, tendrás que hacer aquello para lo que Dios te preparó y equipó. Opera en el plano de lo que te apasiona.

Una de mis películas favoritas es "Carrozas de Fuego". En esta película Eric Liddell es un corredor talentoso que anhela competir en los Juegos Olímpicos, pero siente el llamado de ser misionero en China. Sin embargo sabe que Dios le dio el don de correr rápido. Cuando corre siente que se lo dedica a Dios. En una de las clásicas líneas de la película Liddell dice: "Cuando corro, siento el placer de Dios". Está diciendo en realidad: "Sé lo que hago cuando corro, porque uso mis dones, talentos y voy tras mi destino y sintiendo que Dios me sonríe".

Otra de mis líneas favoritas en la película es cuando Liddell dice: "Ganar es honrar a Dios". Creo que deberíamos vivir con esa filosofía, esforzándonos por alcanzar la excelencia, tras nuestro destino, haciendo lo que mejor sabemos. Entonces nosotros también honraremos a Dios. Si estás llamado a ser empresario, sé excelente en eso y honrarás a Dios. Si tu vocación es la de enseñar a los niños, destácate en ello y honrarás a Dios. En lo que sientas que es tu llamado, si lo haces dedicando toda tu capacidad y destacándote, estarás honrando a Dios.

Es posible que todavía no hayas encontrado tu divino destino. Que hagas muchas cosas que no despiertan ni la pasión, ni el entusiasmo en ti. Es hora de que puedas llegar a ser lo mejor de ti.

Por cierto, no con chasquear los dedos tu realidad puede cambiar. Pero al menos examina tu vida y toma cuenta de cómo pasas tu tiempo. ¿Vas tras tu pasión? ¿Haces lo que te sale bien por naturaleza? Si no es así, ¿por qué no realizas algunos cambios? No tenemos mucho tiempo. Encuentra algo que despierte pasión en ti y comienza a entregarte a ello. Dios te guiará, un paso a la vez.

Antes dije que Dios puso en mí desde muy pequeño, la pasión por la producción televisiva. Fui tras la pasión y cuando mi padre partió con el Señor sentí el deseo de tomar el lugar de pastor. Seguí la pasión y puedo decir con sinceridad que encontré el destino que Dios tenía para mí. Sé que por eso me puso aquí. Para esto nací.

Deseo que puedas ir tras el destino divino que Dios puso en tu vida, que descubras el llamado y la vocación y que te mantengas dentro del propósito. Toma la decisión de avanzar, de extenderte y de seguir creyendo, esforzándote hasta ver que tus sueños se hagan realidad. Un día, mirarás atrás y dirás con confianza: "Para esto Dios me puso aquí".

Oración de hoy para alcanzar lo mejor de ti

*Con tu ayuda, padre, seguiré avanzando hacia los
sueños y el propósito que pusiste dentro de mí.*

Pensamiento de hoy para alcanzar lo mejor de ti

Estoy avanzando hacia el destino que Dios tiene para mí.

Segunda parte

POSITIVOS CON NOSOTROS MISMOS

Sabia sordera

Pasaje para que alcances lo mejor de ti: Apocalipsis 12:7-12

Luego oí en el cielo un gran clamor: "Han llegado ya la salvación
y el poder y el reino de nuestro Dios; ha llegado ya la autoridad
de su Cristo. Porque ha sido expulsado el acusador de nuestros
hermanos, el que los acusaba día y noche delante de nuestro Dios.

—APOCALIPSIS 12:10

S I QUIERES VER LO MEJOR DE TI Y VIVIR DE ACUERDO A ELLO, deberás aprender a sentirte bien con quien eres. Mucha gente vive bajo el peso de la condenación, escuchando siempre a las voces equivocadas. La Biblia se refiere al enemigo como "acusador de los hermanos" que quiere que vivamos sintiendo culpa y condenación. Constantemente levanta acusaciones contra nosotros, diciéndonos lo que no hicimos o lo que deberíamos hacer. Nos recordará todos nuestros errores y fracasos del pasado.

"La semana pasada perdiste los estribos. Tendrías que pasar más tiempo con tu familia. Fuiste a la iglesia, pero llegaste tarde. Te esforzaste, pero no lo suficiente".

Mucha gente se traga estas acusaciones sin defenderse. En consecuencia van por la vida sintiendo culpa, condenación y gran descontento con ellos mismos. Sus días no tienen gozo, ni confianza y siempre esperan lo peor y a veces es lo que obtienen.

Es verdad que no hay ser humano perfecto. Todos pecamos, fracasamos, nos equivocamos. Sin embargo muchos no saben que pueden recibir la misericordia y el perdón de Dios. En cambio, permiten la derrota por dentro. Sintonizan esa voz que dice: "Lo arruinaste todo. Te equivocaste muy mal". Y son duros consigo mismos. En lugar de creer que van creciendo, mejorando, creen en esa voz que les dice:

"No puedes hacer nada bien. Jamás romperás con este hábito. Eres un fracaso". Cuando despiertan por la mañana una voz les dice lo que hicieron mal el día anterior y que también ese día será un día de equivocaciones. Como resultado se vuelven demasiado críticos de ellos y eso por lo general, se esparce a quienes les rodean.

Si queremos vivir en paz tenemos que aprender a mantenernos firmes y decir: "Puede que no sea perfecto pero estoy creciendo y lo sé. Quizá cometí errores pero sé que soy perdonado. Recibo la misericordia de Dios".

Claro está que todos queremos ser mejores seres humanos, pero no hace falta flagelarnos por nuestros defectos. Puedo no ser perfecto en lo que hago, pero sé que mi corazón está en lo correcto y aunque no les guste a todos, a Dios sí le gusto. Esto lo sé con toda confianza.

De manera similar, mientras te esfuerces y entregues lo mejor de ti y quieras cumplir con La Palabra de Dios, ten plena confianza en que Él te acepta y aprueba. Es cierto que quiere que seas mejor y sabe que todos tenemos debilidades y defectos. Todos hacemos cosas que no debemos. Cuando nuestras imperfecciones y debilidades asoman por sobre nuestro idealismo es normal la disconformidad. Después de todo, pensamos: "No merezco ser feliz. Tengo que demostrar que lo lamento de veras".

Aun así, tenemos que aprender a recibir el perdón y misericordia de Dios. No permitas que las voces de acusación resuenen como eco permanente en tu cabeza. Eso logrará acrecentar una actitud negativa hacia tu persona y si tienes esta mala actitud, encontrarás impedimentos en todas las áreas de tu vida.

Hay distintos tipos de acusaciones negativas: "No eres todo lo espiritual que debieras ser. No te esforzaste lo suficiente la semana pasada o Dios no puede bendecirte a causa de tu pasado".

Todo eso es mentira. No cometas el error de habitar en medio de esa basura, ni por un momento siquiera. Cuando bajo de la plataforma luego de predicar en Lakewood, con emisión del sermón por televisión a diversos lugares del mundo, lo primero que se me ocurre es: "Joel, ese mensaje de hoy no fue tan bueno. Nadie se benefició. Prácticamente fue un arrullo para que se durmieran".

Bueno, aprendí a no escuchar todo eso. Me doy vuelta y digo: "¡No! Creo que estuvo bien. Di lo mejor de mí. Sé que al menos una persona en realidad obtuvo algo bueno de ello. Pienso que estuvo bien". Mientras des lo mejor de ti no tienes por qué vivir en condenación, ni siquiera cuando fracases o te equivoques. Hay un tiempo para arrepentirse, pero también un tiempo para liberarse de la acusación y seguir adelante. No vivas lamentándote. No andes por allí diciendo: "Debí hacer esto o aquello. Tendría que seguir en la universidad o pasar más tiempo con mi familia". "Tendría que cuidarme más".

Deja de condenarte. Tus análisis y observaciones pueden ser veraces, pero no te hace ningún bien buscar la culpa y vivir en condenación. Deja que el pasado sea pasado. No puedes cambiarlo y si cometes el error de vivir hoy en la culpa por algo que pasó ayer, tampoco tendrás las fuerzas que necesitas para vivir este día en victoria.

Oración de hoy para alcanzar lo mejor de ti

Padre, sé que puedes obrar un milagro especial en mi vida y que harás que sea sordo a las voces acusadoras que resuenan dentro de mí. Pero incluso si no haces eso, ayúdame a escuchar tu voz de misericordia y amor.

Pensamiento de hoy para alcanzar lo mejor de ti

Me dispongo a escuchar la voz de mi padre celestial, en mi corazón, mi mente y espíritu.

Recibe la misericordia de Dios

Pasaje para que alcances lo mejor de ti: Romanos 7:14-8:1

Por lo tanto, ya no hay ninguna condenación para los que están unidos a Cristo Jesús.

—ROMANOS 8:1

E L APÓSTOL PABLO DIJO: *"Porque no hago el bien que quiero, sino el mal que no quiero, eso hago"* (ver Romanos 7:19 RVR60). También este gran hombre de Dios, que escribió la mitad del Nuevo Testamento, tuvo dificultades en esto, sus palabras me dicen que Dios no me descalifica porque no logre la perfección el cien por ciento de las veces. Quisiera hacerlo y me esfuerzo por mejorar. No hago el mal a propósito, pero como todos los demás, también tengo debilidades. A veces cometo errores o tomo malas decisiones. Sin embargo aprendí a no torturarme por esas cosas y a no hundirme en la condenación. Me niego a escuchar las voces acusadoras. Sé que Dios aún trabaja en mí, que estoy creciendo, aprendiendo, tratando de ser lo mejor de mí. Decidí que no voy a vivir en condenación mientras Dios esté realizando su obra en mí.

Esa voz acusadora se levanta y dice: "Perdiste los estribos esta semana, en medio del tráfico".

Tu actitud debería ser: "Sí, está bien. Estoy creciendo". "Ayer dijiste cosas que deberías callar".

"Es cierto, deseé no decirlas, pero me arrepentí y sé que fui perdonado, así que la próxima vez, lo haré mejor"

"Pero ¿qué hay del fracaso en tu relación hace dos años y los errores en los negocios?".

"Eso quedó en el pasado. Recibí misericordia de Dios. Este es un nuevo día. No voy a mirar atrás. Voy a mirar hacia adelante".

Cuando adoptamos esta actitud, le quitamos al acusador su letal poder. Ya no puede controlarnos si no creemos en sus mentiras.

· ·

*Cometí errores, pero sé que fui perdonado y
que soy la niña de los ojos de Dios.*

· ·

Debes sacudirte ese antiguo sentimiento de culpa. Tienes que dejar de escuchar esa voz que te dice: "Dios no está contento contigo. Tienes demasiados defectos. Cometiste demasiados errores".

Mientras le pidas perdón a Dios y sigas avanzando en la dirección que Él te indica, puedes saber con confianza que se complace en ti. Cuando la voz acusadora te provoque, diciendo: "Lo arruinaste. No tienes futuro. No tienes disciplina", no te quedes ahí diciendo: "Sí, es cierto".

Tendrás que responder a ese acusador. Tendrás que levantarte en tu autoridad y decir: "Espera un momento. Soy la rectitud de Dios y dice que valgo. Claro que cometí errores y fui perdonado. Sé que soy la niña de sus ojos. Sé que Dios tiene cosas buenísimas reservadas para mí".

Las Escrituras nos dicen que hemos de estar *"vestidos con la coraza de justicia"* (ver Efesios 6:14). Es una de las partes más importantes de nuestra armadura. Piensa en la coraza y en lo que cubre. Tu corazón, el centro de tu ser, el modo en que piensas y sientes sobre tu propia persona, muy dentro de ti. Si andas por ahí con un sentimiento que te carcome, diciendo: "No tengo futuro. Me equivoqué muchas veces. Dios no puede complacerse en mí". Puedo decirte lo siguiente: "Estás escuchando la voz equivocada. No le prestes atención. Es el acusador".

Lo que necesitas es despertar con confianza cada mañana diciendo: "Dios se complace en mí. Dios me aprueba. Dios me acepta tal como soy".

Oración de hoy para alcanzar lo mejor de ti

Padre, qué regalo tan grande tu aprobación. Tu misericordia. Quiero vivir con esa amorosa aceptación y protección, envolviéndome por siempre.

Pensamiento de hoy para alcanzar lo mejor de ti

Sé que Dios tiene reservadas grandes cosas para mí.

El rostro de tu padre

Pasaje para que alcances lo mejor de ti: Salmo 121:1-6

El Señor te cuidará en el hogar y en el camino, desde ahora y para siempre.

—SALMO 121:8

D IOS NO SE CONCENTRA EN TUS DEFECTOS Y DEBILIDADES. No quiere estropearte la vida o ver hasta dónde puedes soportar la frustración. Dios quiere que te vaya bien. Te creó para que tengas vida en abundancia.

No tienes que andar por la vida con esa sensación que te carcome: "Dios no está contento conmigo. Sería hipócrita pedir su ayuda después de todos los errores que cometí".

Por el contrario, eres la niña de los ojos de Dios. Su posesión preciada. Nada de lo que hiciste, ni de lo que llegues a hacer, impedirá que Dios te ame y sea bondadoso contigo.

Atrévete a creer eso. Despójate del sentimiento de culpa y de tu baja autoestima. A Dios no le agrada que nos arrastremos por la vida sintiéndonos miserables, fracasados y tratando de mostrarle cuánto lamentamos el decidir mal tantas veces. Más bien, reconócete como uno de sus hijos e hijas, sabiendo que Él te ama y que hará lo que sea para ayudarte.

Echa los hombros atrás y di: "Sé que Dios es bueno y que su misericordia es mucho más grande que cualquiera de mis errores. Empezaré a recibir su misericordia y a esperar cosas buenas en mi vida".

Desarrolla esta nueva actitud, libre de culpa, condenación y ante todo, libre de las voces acusadoras. No importa durante cuánto tiempo te mintieron, diciéndote que naufragaste, que te equivocaste demasiado, Dios sigue teniendo un gran plan para tu vida. Quizá perdiste el

Plan "A", pero la buena noticia es que Dios tiene Plan "B", Plan "C" y Plan "D". Puedes volver tu rostro hacia Él sabiendo que en todo momento su rostro está vuelto hacia ti.

Mis padres muchas veces nos contaban una historia de mi hermano Paul cuando era pequeño, antes de que naciéramos los demás. Mamá y papá lo llevaban a la cama por las noches y luego iban a dormir a su cuarto, que estaba cerca. Todas las noches, mis padres decían: "Buenas noches, Paul".

Paul respondía:

—Buenas noches mamá. Buenas noches papá.

Pero una noche, por algún motivo Paul tuvo miedo y luego de decir "Buenas noches", pasaron unos minutos y dijo:

—Papá, ¿sigues allí?

Mi padre dijo:

—Sí, Paul. Estoy aquí.

Entonces Paul preguntó:

—Papá, ¿estás volteado mirando hacia donde estoy?

Por alguna razón, necesitaba saber que papá miraba hacia donde él estaba, eso le daba seguridad. Podía dormir tranquilo sabiendo que el rostro de mi padre estaba volteado hacia él.

—Sí, Paul. Estoy mirando hacia donde estás.

Paul se durmió enseguida, sabiendo que descansaba bajo la mirada protectora y vigilante de papá.

Quiero que sepas que el rostro de nuestro Padre celestial está vuelto hacia nosotros. La buena noticia es que su rostro siempre estará vuelto hacia ti, no importa qué hiciste o dónde estuviste. O qué errores cometiste. Dios te ama y siempre mira hacia ti, buscándote.

Es probable que sintieras entusiasmo en tu vida, pero en algún momento pasaste por fracasos, desilusiones y problemas. Quizás esas voces acusadoras te persiguieron provocándote para que sientas culpa, con condenación y sin aliento. Necesitas saber que hoy Dios corre hacia ti. Su rostro está vuelto hacia ti. No es un Dios enojado, condenador. Es un Dios misericordioso, amoroso, que perdona. Es tu padre celestial y sigue teniendo un grandioso plan para tu vida.

Oración de hoy para alcanzar lo mejor de ti

Padre, me consuela y anima saber que tu rostro está vuelto hacia mí, con aceptación y misericordia en tus ojos. Al saber eso, puedo seguir adelante.

Pensamiento de hoy para alcanzar lo mejor de ti

No hay nada que pueda hacer para que Dios me ame menos o no me ame.

Ama a quien ves en el espejo

Pasaje para que alcances lo mejor de ti: Marcos 12:28-34

El segundo mandamiento es: "Ama a tu prójimo como a ti mismo.
No hay otro mandamiento más importante que éstos".

—MARCOS 12:31

TODOS TENEMOS ÁREAS EN LAS QUE NOS HACE FALTA MEJORAR, mientras sigamos esforzándonos, levantándonos cada día para dar lo mejor de nosotros, podemos estar seguros de que Dios se complace en lo que somos y hacemos. Quizá no le agraden todas nuestras decisiones, pero sí le agrademos como personas. Sé que a algunos les cuesta creerlo, pero Dios quiere que nos sintamos bien con nosotros. Quiere que sintamos seguridad y que nuestra imagen sea saludable. Sin embargo hay mucha gente que se concentra siempre en sus defectos y debilidades. Cuando cometen errores, son demasiado críticos de ellos mismos. Viven con un sentimiento continuo de reproche: "No eres lo que deberías ser. No sirves. Arruinaste mucho y muchas veces".

Adivina, Dios sabía que no serias perfecto. Sabía que tendrías defectos, fallas, debilidades, malos deseos; todo esto lo sabía aún antes de que nacieras y sin embargo te ama.

Una de las peores cosas que puedes hacer es andar por la vida siendo tu propio enemigo. Ese, es un gran problema en nuestros días, porque hay mucha gente que dentro de sí tiene una guerra. No les gusta quienes son en realidad. "Bueno, soy lenta. No tengo disciplina. No soy atractiva. No soy tan inteligente como otras personas". Se concentran en sus debilidades sin ver que esta introspección negativa es la raíz de muchas de sus dificultades. No logran avanzar en sus relaciones, son inseguros, no disfrutan de la vida y en gran parte esto se debe a que no están en paz con su forma de ser.

Jesús dijo: *"Amarás a tu prójimo como a ti mismo" (Mateo 22:39).* Observa que el prerequisito para amar a los demás, es amarte a ti mismo. Si no sientes respeto de quien eres y no aprendes a aceptar tus defectos y virtudes, entonces nunca podrás amar adecuadamente a los demás. Desafortunadamente, el desprecio que muchos sienten por sí mismos destruye muchas relaciones en nuestros días.

He conocido personas que piensan que su cónyuge es la razón por la que el matrimonio no funciona. O que están seguros de que la culpa la tiene su compañero de trabajo, aunque en realidad, lo que tienen es una guerra civil que se libra en su interior. No les gusta su aspecto personal, ni su posición en la vida y se molestan porque no logran romper con un mal hábito y ese veneno se derrama hacia sus otras relaciones.

Compréndelo, no puedes dar lo que no tienes. Si no te amas a ti mismo no podrás amar a los demás. Si por dentro estás en guerra, enojado, inseguro, sintiendo que no eres atractiva/o, con condenación, bueno, entonces eso será todo lo que podrás dar a los demás. Por otra parte, si reconoces que Dios está trabajando en ti a pesar de los defectos y debilidades, podrás aprender a aceptarte. Luego podrás dar ese amor y tener relaciones saludables.

Este principio básico podría salvar tu matrimonio, además podría cambiar las relaciones con quienes te rodean. Piensas que el problema está en los demás, pero antes de que puedas hacer cambios positivos y significativos en tu vida, necesitas hacer las paces contigo mismo. Por favor, reconoce que si eres negativo hacia ti mismo , no solo te afectará sino que influirá en todas las relaciones. Incluyendo en la relación con Dios.

Por eso es tan importante que te sientas bien con quién eres. Tendrás defectos. Habrá cosas que querrás cambiar. Bueno, bienvenido, porque esto nos sucede a todos. Anímate entonces y deja de ser tan duro contigo mismo.

No hablo de que seamos sucios, desprolijos, que nuestra actitud hacia el pecado y los errores sea despreocupada. El hecho de que estás leyendo este libro indica que quieres ser mejor, que te esfuerzas por alcanzar la excelencia y que tienes el deseo sincero de agradar a Dios.

Si es así, no vivas sepultado en la condenación solo porque aún tienes dificultades en ciertas áreas. Cuando cometas errores, simplemente ve ante Dios y dile: "Padre, lo siento. Me arrepiento. Ayúdame a hacerlo mejor la próxima vez". Y luego, déjalo atrás. No te golpees durante dos semanas, dos meses o dos años. Déjalo atrás y sigue avanzando.

Oración de hoy para alcanzar lo mejor de ti

Padre, quiero estar en paz con lo que soy. No quiero arrastrar por allí el peso de la condenación, cuando puedo arrepentirme y vivir con libertad en tu amor. ¡Gracias por recordarme que me amas!

Pensamiento de hoy para alcanzar lo mejor de ti

Amar a los demás, incluyendo a Dios, comienza cuando me amo como Dios me ama.

El amor de aprobación de Dios

Pasaje para que alcances lo mejor de ti: 1 Juan 4:7-16

En esto consiste el amor: no en que nosotros hayamos amado a Dios, sino en que él nos amó y envió a su Hijo para que fuera ofrecido como sacrificio por el perdón de nuestros pecados.

—1 JUAN 4:10

MUCHAS PERSONAS NO SE DAN CUENTA DE QUE SU PEOR ENEmigo está dentro de ellos mismos. "Estoy tan gordo. Rompí mi dieta. No paso bastante tiempo con mis hijos. No soy disciplinada, así que hace una semana que no limpio mi casa. Seguro que Dios no se complace en mí". No entres en esa trampa. La Biblia nos dice que Dios se complace en ti y te acepta. No dice que Dios te acepta si vives una vida perfecta. ¡No! Dice que te acepta incondicionalmente, tal como eres. Francamente, no es por lo que hiciste o dejado de hacer. Dios te ama por lo que eres. Eres hijo o hija del altísimo. Y si Dios te acepta, ¿por qué no puedes aceptarte? Quítate de encima la culpa, la condenación, las inseguridades, la sensación de no poder hacer nada bien y comienza a sentirte bien con lo que eres.

· ·

Y si Dios te acepta, ¿por qué no puedes aceptarte?

· ·

"Bueno, Joel, no sé si creo en eso", me dijo un hombre muy bueno, bien intencionado y amable. "No somos más que pobres pecadores". ¡No! Antes éramos pobres pecadores, pero vino Cristo y lavó nuestros pecados. Nos hizo nuevas criaturas y ahora no somos pobres pecadores sino hijos e hijas del altísimo Dios. En lugar de arrastrarte por el piso con esa vieja mentalidad del "pobrecito", puedes sentarte a la mesa del banquete increíble que Dios tiene preparado para ti. Tiene vida abundante para ti y no importa cuántos errores cometiste o qué tipo de problemas tengas ahora, tu destino es vivir en victoria. Quizá no seas todo lo que quieres ser, pero al menos puedes mirar atrás y decir: "Gracias, Dios, porque no soy más lo que era antes".

El enemigo no quiere que entiendas que Dios te lavó y que ahora estás justificado. Prefiere que vivas con una conciencia de pecado, pero Dios quiere que tengas conciencia de rectitud y justicia. Comienza a habitar en el hecho de que fuiste elegido, apartado, aprobado y aceptado en el Cielo y que aquí sobre la Tierra fuiste hecho justo. Todas las mañanas, no importa cómo nos sintamos, tenemos que salir de la cama y declarar con coraje: "Padre, te agradezco que me apruebes. Gracias porque te complaces en mí. Gracias porque me perdonaste. Sé que soy amigo de Dios".

Así como te vistes, también vístete con la coraza de la aprobación de Dios. Durante todo el día, dondequiera que vayas, imagina que llevas una leyenda impresa sobre el pecho, que dice: "Aprobado por Dios todopoderoso". Cuando esas voces de condenación intenten derribar tu imagen propia con comentarios como: "No eres esto, no eres lo otro, aquí y allá te equivocaste", solo mírate en el espejo y lee ese cartel: "Aprobado por Dios todopoderoso".

Oración de hoy para alcanzar lo mejor de ti

Padre, gracias porque me diste aprobación y porque te complaces en mí. Gracias porque me perdonaste. Gracias por ser mi amigo.

Pensamiento de hoy para alcanzar lo mejor de ti

Dios todopoderoso me ama, me acepta y se complace en mí.

De acuerdo con Dios

Vuelve a compadecerte de nosotros (…), y arroja al fondo del mar
todos nuestros pecados.

—MIQUEAS 7:19

E s hora de que tengas un acuerdo con Dios y comiences a sentirte bien contigo mismo. Por cierto, habrá áreas en las que necesites mejorar y así será, porque estás creciendo. Estás progresando. Puedes vivir libre del peso que te oprimió en el pasado.

· ·

Es hora de que entres en un acuerdo con Dios y
comiences a sentirte bien contigo.

· ·

Recuerda siempre, es el enemigo quien acusa diciéndote que nunca haces lo suficiente: "No estás trabajando lo suficiente, ni siendo buen cónyuge o padre o madre. Ayer cumpliste con tu dieta pero no debiste comerte ese postre en la noche". No aceptes nada de eso. Tienes muchísimas buenas cualidades por cada cualidad negativa. "Joel, soy muy impaciente". Bueno, puede ser cierto pero ¿alguna vez pensaste que siempre eres puntual? ¿Persistente? ¿Decidido?

"No creo ser tan buena madre como debería". Es posible que así sea, pero ¿notaste que a tus hijos les va muy bien en la escuela? Y nunca les falta comida. Son sanos, tienen buena vida social y se ocupan de los estudios, la escuela y las actividades de la iglesia. "Bueno, es que no soy muy buen marido, Joel". Está bien, quizá trabajas demasiado, pero nunca dejaste de pagar la hipoteca. Eres buen proveedor para tu familia. "Sí, pero cometí muchos errores en la vida". Es cierto, pero tomaste este libro y empezaste a leer, a aprender, a buscar un cambio

para mejor. Es una buena decisión. Otórgate el beneficio de la duda.
Quítate esos trapos de condenación y vístete con el manto de rectitud.
Ponte la armadura de la aprobación de Dios. Puedes hacerlo. Puedes sentirte bien contigo mismo. Cuando te ves en positivo, estás de
acuerdo con Dios.

"¿Y qué hay del error que cometí la semana pasada? ¿Y qué de esa
vez en que fracasé el año pasado?". Apenas te arrepentiste Dios no
sólo te perdonó, sino que lo olvidó. Decide no recordarlo más. Deja
de recordar lo que Dios olvidó, déjalo atrás y comienza a sentirte bien
contigo mismo. Solemos pensar que Dios lleva un registro de todos
nuestros errores. En tu mente, puedes verlo allí en el cielo: "¡Uh! Aquí
se equivocó. Vamos a anotar eso. Oh, escuché ese comentario. Gabriel,
por favor anótalo en la lista". ¡No es ese el corazón de Dios! Para nada.
Dios está a tu favor. Está de tu lado. Es el mejor amigo que podrías
tener. No está mirando tus errores, sino tus aciertos. No se concentra
en lo que eres, sino en lo que puedes llegar a ser.

Ten por seguro que Dios se complace en ti. Porque se está ocupando de transformarte. Por eso puedo levantarme cada mañana, y
aunque sé que cometo errores puedo decir con confianza: "Dios, sé
que tengo tu aprobación, así que me siento bien conmigo mismo".

Oración de hoy para alcanzar lo mejor de ti

Lleva tiempo acostumbrarse a la idea de que te agrado, padre. Gracias
por liberarme para que viva para ti, en lugar de vivir con miedo de ti.

Pensamiento de hoy para alcanzar lo mejor de ti

Dios no está observando qué es lo que hago
mal, busca qué es lo que hago bien.

El poder que hay
en las palabras

Pasaje para que alcances lo mejor de ti: Proverbios 18:19-21

La lengua puede dar vida y muerte; según como la uses, así serán sus frutos.

—PROVERBIOS 18:21 (BL95)

DIOS NO NOS CREÓ PARA QUE FUÉSEMOS PERSONAS MEDIO-cres, ni promedio. No nos creó para que sobrevivamos y nada más. Fuimos creados para alcanzar la excelencia. La Biblia nos enseña que aún antes de la fundación del mundo Dios no sólo nos eligió sino que nos equipó con todo lo que necesitamos para vivir su abundante vida (ver Efesios 4:14). Tienes dentro semillas de grandeza, pero hace falta que creas en ello y actúes en consecuencia.

Veo que hoy mucha gente vive con baja autoestima, sintiéndose inferiores, como si no pudieran ser capaces de nada. Mientras tengamos tan pobre imagen de nosotros mismos no lograremos experimentar lo mejor que Dios tiene para nosotros. Jamás podremos elevarnos por sobre la imagen que tenemos de nosotros mismos y por eso es tan importante que nos veamos como nos ve Dios.

Necesitas tener la imagen de un campeón dentro de ti. Quizá todavía no lo seas y existan áreas en las que tienes que mejorar, pero en el fondo, en lo más profundo, tienes que saber que no eres víctima, sino vencedor.

Una de las mejores formas en que podemos mejorar nuestra propia imagen es por medio de lo que decimos. Es que las palabras son como semillas: tienen poder creativo. En Isaías se nos dice: *"Cada uno se sacia del fruto de sus labios"*. Es asombroso si nos detenemos a considerar esa verdad: nuestras palabras tienden a producir lo que decimos.

Cada día deberíamos efectuar declaraciones positivas con respecto a nosotros mismos. Deberíamos decir cosas como: "Soy bendecido, próspero, sano, talentoso, creativo, sabio, etc". Cuando lo hacemos, declaramos y edificamos nuestra propia imagen; a medida que esas palabras penetren en nuestro corazón, mente y en especial nuestro subconsciente, eventualmente cambiarán la forma en que nos vemos.

La Biblia dice: "De *una misma boca proceden bendición y maldición*" (ver Santiago 3:10 RVR60). Hay personas que maldicen su propio futuro diciendo cosas como: "No podré hacer nada. Soy tan torpe que todo lo hago mal. No tengo disciplina. Quizá jamás logre bajar de peso".

Tenemos que ser muy cuidadosos con lo que permitimos que pronuncien nuestros labios. Nuestras palabras marcan el rumbo que seguirán nuestras vidas.

¿Hacia dónde vas? ¿Estás declarando cosas buenas? ¿Estás bendiciendo tu vida, pronunciando palabras de fe sobre tu futuro y el futuro de tus hijos? ¿O sueles decir cosas negativas?, como: "Nada bueno me pasa. Quizá logre salir de mis deudas. Nunca podré romper con mi adicción".

. . . .

Nuestras palabras marcan el rumbo que seguirán nuestras vidas.

. . . .

Cuando hablas así, estás estableciendo los límites de tu vida. Es posible que otras personas te dijeran cosas negativas y destructivas. Quizá tu padre y tu madre, un entrenador o un maestro dijeran cosas como: "No podrás hacerlo nunca. Nunca lograrás el éxito. No podrás ir a esa universidad. No tienes la inteligencia que se requiere". Ahora, esas palabras echaron raíz y están estableciendo límites para tu vida. Desafortunadamente escuchaste estos comentarios durante tanto tiempo, que impregnaron la imagen que tienes de ti mismo.

La única forma en que cambiarías el efecto de esas palabras es tomando la ofensiva y comenzar a pronunciar palabras de fe sobre tu propia vida. Además, La Palabra de Dios es el mejor borrador que podamos encontrar. Comienza a pronunciar con tus labios lo que

Dios dice de ti: "Soy ungido. Dios se complace en mí. Estoy equipado para lo que tenga que hacer. Soy elegido, apartado, destinado a vivir en victoria".

Cuando pronuncias estas palabras llenas de fe, estás bendiciendo tu vida. Y además, la imagen que tienes de ti mismo mejorará.

Oración de hoy para alcanzar lo mejor de ti

Padre, ayúdame cada día para que reemplace lo que digo de mí, con lo que tú dices de mí. Gracias por el poder sanador de tu palabra.

Pensamiento de hoy para alcanzar lo mejor de ti

Hoy me esforzaré para que mis pensamientos y palabras respecto de mí, sean consistentes con lo que mi padre celestial dice de mí.

Palabras para lograr
lo mejor de ti

Pasaje para que alcances lo mejor de ti: Romanos 4:16-25

*Contra toda esperanza, Abraham creyó y esperó, y de este modo
llegó a ser padre de muchas naciones, tal como se le había dicho:
"¡Así de numerosa será tu descendencia!".*

—ROMANOS 4:18

TUS PALABRAS TIENEN PODER CREATIVO, POSITIVO O NEGATI-
vo, porque crees más en lo que dices que en lo que diga cualquier
otra persona. Piensa en esto. Tus palabras salen de tu boca y vuelven
a ti a través de tus oídos. Si escuchas comentarios durante bastante
tiempo, entrarán en tu espíritu y las palabras producirán exactamente
lo que digas.

Es por esto que importa tanto adoptar el hábito de declarar cosas
buenas sobre nuestras vidas cada día. Cuando te levantas por la mañana, en lugar de mirarte en el espejo y decir: "Oh, no puedo creer que
me vea tan mal. Estoy tan vieja y arrugada" tienes que sonreír y decir:
"¡Buenos días! Te ves muy bien". No importa cómo te sientas, mírate
en ese espejo y di: "Soy fuerte. Soy sana. Dios renueva mi juventud
como las águilas. Siento gran entusiasmo por comenzar este día".

En el plano natural y físico estas afirmaciones pueden no parecer
ciertas. Quizá ese día no te sientas muy bien. O tengas muchos obstáculos por vencer. Sin embargo, La Biblia nos dice que Dios *"... llama
las cosas que no son, como si fuesen..."* (Romanos 4:17).

Es decir, no digas lo que eres sino lo que quieres llegar a ser. De eso se trata la fe. En el plano físico tienes que verlo para creerlo, pero Dios dice que tienes que creer para luego ver.

Por ejemplo, quizá te falte disciplina en algún área, pero en lugar de quejarte por ello y criticarte, comienza a llamar a la disciplina que necesitas.

Cambia el modo en que hablas de ti mismo y podrás cambiar tu vida. Todas las mañanas, di cosas como: "Soy disciplinado. Tengo dominio propio. Tomo buenas decisiones. Soy victorioso. Este problema no vino para quedarse. Si no que ya quedó atrás". Y durante todo el día, mientras vas a tu trabajo o tomas una ducha o estés preparando el almuerzo, en voz baja repite afirmaciones positivas y bíblicas con respecto a ti mismo: "Soy más que vencedora. Puedo hacer lo que tengo que hacer. Soy hija del altísimo Dios".

....

Cambia el modo en que hablas sobre ti mismo y podrás cambiar tu vida.

....

Cuando pronuncies cosas positivas sobre ti mismo, te asombrará descubrir lo fuerte que te haces, emocional y espiritualmente. Y la imagen que tienes cambia para mejor.

Jacqueline es una estudiante secundaria muy brillante, pero no creía poder sacar buenas calificaciones. "Soy mediocre. Siempre obtengo lo necesario para pasar, nada más", se lamentaba. "Eso es lo que más que logro. No entiendo nada de aritmética. Mi maestro es el más duro".

Afortunadamente Jacqueline aprendió a dejar de limitarse por sus palabras. Ahora, cada día mientras va a la escuela dice: "Soy excelente en la escuela. Aprendo con facilidad. Tengo buenos hábitos de estudio. Soy buena alumna. Me llena la sabiduría de Dios".

Quizá tengas la tendencia de criticar a la gente y juzgarla. Bueno, no te quedes ahí pensando: "Es mi forma de ser". En cambio, mírate al espejo y di: "Soy compasiva y amable. Comprendo a los demás. Creo siempre en lo mejor de cada persona". Siempre repite estas afirmaciones positivas, las actitudes nuevas penetrarán y tus relaciones con las personas comenzarán a cambiar.

Oración de hoy para alcanzar lo mejor de ti

*Padre, me doy cuenta de que estoy ejercitando mi fe cuando expreso con
palabras la forma en que me ves. Ayúdame a vivir el plan que tienes para mí.*

Pensamiento de hoy para alcanzar lo mejor de ti

¡Dios sigue mejorando la buena obra que haces en mí!

Palabras para concretar
tu futuro

Pasaje para que alcances lo mejor de ti: Habacuc 2:1-4

Y el Señor me respondió: "Escribe la visión, y haz que resalte clara-
mente en las tablillas, para que pueda leerse de corrido".

—HABACUC 2:2

CON NUESTRAS PALABRAS PODEMOS PROFETIZAR NUESTRO propio futuro. Es triste que tanta gente profetice su derrota, el fracaso, la carencia y la mediocridad. Evita ese tipo de comentarios y utiliza palabras para declarar cosas buenas. Declara salud, gozo, bendición económica, relaciones felices y plenas. Durante todo el día puedes declarar: "Tengo el favor de Dios. Puedo hacer lo que tengo que hacer". Al hacerlo estarás bendiciendo tu propia vida y fortaleciendo tu propia imagen.

Si te agobia la depresión utiliza tus propias palabras para cambiar la situación. Quizá sufriste muchas decepciones y pasaste por graves problemas, pero eres tú y nadie más, quien necesita levantarse cada mañana y declarar con confianza: "Este será un gran día. En el pasado quizá sea cierto que sufrí derrotas, pero este es un nuevo día. Tengo a Dios a mi lado y las cosas cambiarán en mi favor".

· ·

Cuando lo decimos con palabras, sucede algo sobrenatural.

· ·

Cuando te ataquen los pensamientos oscuros, en lugar de quejarte y esperar lo peor, repite una y otra vez: "Algo bueno me va a suceder. No soy víctima sino vencedor". No sirve solamente pensar en positivo: hace falta pronunciar cosas positivas. Necesitas oír una y otra vez: "Vienen cosas buenas. Dios pelea las batallas por mí. Se están abriendo nuevas puertas de oportunidad".

Al hablar de manera positiva, desarrollarás una nueva imagen en tu interior y las cosas comenzarán a cambiar a favor de ti.

Si apartas cinco minutos al día y sencillamente declaras cosas buenas para tu vida, te asombrarás con los resultados. Antes de comenzar con tus ocupaciones diarias, de salir de casa y dirigirte a tu trabajo o de llevar los niños a la escuela, tómate unos minutos y pronuncia bendiciones sobre tu vida. Quizá quieras anotar las afirmaciones para llevar un registro.

En Habacuc dice que anotemos nuestra visión. Haz una lista de tus sueños, objetivos, aspiraciones, de las cosas que quieres mejorar y de lo que quieres cambiar. Siempre asegúrate de poder respaldarlo con La Palabra de Dios. Luego, pasa tiempo a solas con Dios y tómate unos minutos cada día para declarar cosas buenas sobre tu vida. Recuerda que no basta con leerlo o pensarlo. Algo sobrenatural sucede cuando lo pronunciamos. Así es como le damos vida a nuestra fe.

Oración de hoy para alcanzar lo mejor de ti

Padre, déjame declarar en voz alta que hoy será un día grandioso. Puede que en el pasado viviera en la derrota, pero hoy es un nuevo día. Y estás de mi lado. Las cosas están cambiando a mi favor.

Pensamiento de hoy para alcanzar lo mejor de ti

Tengo que ver y decir lo que quiero ser.

Piensa bien

Pasaje para que alcances lo mejor de ti: Salmo 42:1-11

¿Por qué voy a inquietarme? ¿Por qué me voy a angustiar? En
Dios pondré mi esperanza, y todavía lo alabaré. ¡Él es mi Salvador
y mi Dios!

—SALMO 42:11

E N EL INTERIOR DE CADA PERSONA SE DESENVUELVE UN DIÁ-
logo íntimo, una conversación con nosotros mismos a lo largo
del día. De hecho, hablamos más con uno mismo que con cualquier
otra persona. La pregunta es: ¿Qué te dices? ¿En qué cosas meditas?
¿Son pensamientos positivos? ¿Son conceptos que te edifican y te dan
poder? ¿Te afirman tus pensamientos? ¿O andas por allí pensando
cosas negativas?"No atraigo a nadie. No tengo talento. Me equivoqué
tantas veces. Estoy seguro de que soy desagradable para Dios"

Ese tipo de conversaciones negativas contigo impide que puedas
llegar más alto. Y esto les sucede a millones de personas.

Por lo general nos hablamos de manera subconsciente, sin siquiera pensar en ello. Aunque en el fondo de tu mente, estos pensamientos se repiten una y otra vez. En muchísimos casos, son
pensamientos negativos: "Soy torpe, jamás me sobrepondré a mi
pasado, no sirvo para nada".

A lo largo del día, quien piensa así, permite que los mensajes de
derrota empapen su mente y su conversación íntima. Ven a alguien
exitoso, que logra cosas y esa vocecita interna les dice: "Eso jamás
ocurrirá contigo. No sirves. No eres tan inteligente, ni tienes tanto
talento". O ven a alguien que está en forma y se ve saludable, atractivo
y la vocecita les dice: "No tienes esa disciplina. Jamás volverás a estar

en forma". Hay una voz negativa en el interior que constantemente le dice a esta persona que algo anda mal.

··

Hablamos más con nosotros que con cualquier otra persona.

··

"No eres buena madre. No te esforzaste lo suficiente la semana pasada. Eres débil". Si cometemos el error de permitir que este diálogo interno tan negativo eche raíces, ensombrecerá nuestro espíritu pero además, limitará nuestras posibilidades de éxito en la vida. Mucha gente vive en la mediocridad porque oye una y otra vez esa voz, como disco rayado, que repite siempre lo mismo.

Descubrí que en ocasiones estos patrones negativos tienen su origen en la infancia. Quienes debieron nutrir nuestra vida, diciéndonos lo que podríamos llegar a ser, edificando nuestra confianza en nosotros mismos, hicieron todo lo contrario. Conozco personas que se encuentran atascadas porque cuando eran pequeños alguien los maltrató de este modo o los rechazó. Su padre, su madre, un maestro o quizá un pariente les dijo algo negativo y lo creyeron. Permitieron que echara raíces. Ahora estos patrones de pensamientos tan negativos le impiden a la persona ser todo lo que Dios quiere que sea.

Tenemos que reprogramar nuestras mentes. Por favor, no te quedes en la cama por las mañanas pensando en tus defectos y en todo lo que está mal. No permanezcas acostado ensayando una y otra vez tus errores, pensando en lo que puedes o no puedes hacer, en lo que te falta y que los demás tienen. No importa cuántas veces lo intentes o cuántas veces fracases.

Tienes que quitarte de encima los mensajes y las experiencias de negatividad y escuchar una nueva voz. Recuérdate lo siguiente varias veces al día: "Soy hijo o hija del altísimo Dios. Tengo un futuro brillante por delante. Dios se complace en mí. Tengo talento. Creatividad. Tengo lo que hay que tener. Voy a cumplir mi destino".

De esta manera tenemos que hablarnos, no siendo arrogantes sino edificando nuestra confianza. Y en lo profundo durante el día deberíamos escuchar cosas como: "Soy ungido. Elegido, llamado. Tengo lo que hace falta. Este es mi momento".

Oración de hoy para alcanzar lo mejor de ti

Padre, recuérdame el ejemplo del Salmo de hoy.

Pensamiento de hoy para alcanzar lo mejor de ti

Dios me dio todo lo que necesito para vivir para Él.

Cambia de canal

Pasaje para que alcances lo mejor de ti: Salmo 46:1-10

Estad quietos y conoced que yo soy Dios.

—SALMO 46:10 (RVR95)

PRESTA MUCHA ATENCIÓN A LO QUE TE DICES. SI TE HABLAS de manera adecuada no sólo disfrutarás más de la vida, sino que te elevarás a un nuevo nivel de confianza, un nuevo nivel de coraje. Leí un estudio, en que los investigadores les dieron a un grupo de estudiantes universitarios, unos anteojos con los que todo se veía patas arriba; al revés de como era en realidad. Durante los primeros días, los sujetos del estudio estaban confundidos.

Tropezaban con los muebles, no podían leer, ni escribir, necesitaban que los llevaran del brazo hasta su clase y apenas podían hacer las cosas más sencillas. Pero poco a poco se acostumbraron y para fines de la primera semana, pudieron llegar a sus aulas sin ayuda. Luego, no necesitaban que les guiaran en casi nada. Los investigadores sintieron curiosidad, por lo que decidieron que el experimento continuara. Después de un mes, los estudiantes se adaptaron por completo. Sus mentes compensaron la distorsión de su "mundo del revés" y podían leer sin problemas. Podían escribir, hacer sus tareas y usar la computadora sin ningún problema aunque todo lo vieran patas arriba.

Puede algo parecido pasarnos. Si vamos por ahí con mentalidad equivocada durante bastante tiempo, diciéndonos: "Soy mal padre. Cometí muchos errores. Jamás me sucede nada bueno", al igual que los estudiantes y aunque sea una distorsión y no el modo en que Dios nos creó, nuestras mentes se adaptarán y terminaremos viviendo en ese nivel.

Es posible que tu mundo ya esté patas arriba. Quizá estés viviendo muy por debajo de tu potencial, sintiéndote mal, sin confianza y hundiéndote en la autocompasión. ¿Pensaste alguna vez que todo esto puede ser resultado de lo que dijiste durante mucho tiempo? Tu diálogo interno es negativo. Tienes que cambiar eso antes de que puedas cambiar cualquier otra cosa.

No escuches las voces que quieren hundirte. Quizás no te veas como una modelo de revistas, pero puedo decirte lo siguiente: fuiste creada a imagen de Dios todopoderoso. Te asombrará lo mucho que podrás disfrutar de la vida y lo bien que te sentirás si tan solo aprendes a hablarte con pensamientos positivos. Aun cuando cometas errores, te equivoques y hagas algo malo, no digas: "Bueno, nunca hago nada bien. Soy torpe. Mi mente es lenta".

. . . .

Tienes que cambiar por dentro antes de que puedas cambiar por fuera.

. . . .

Aprende a escuchar una nueva canción, diciéndote cosas como: "Fui perdonado. Restaurado. Dios tiene un nuevo plan. Hay buenas cosas esperándome en el futuro".

No digo que busques la salida fácil. Pero sí digo que no te hace ningún bien sentir que estás condenado, que eres desgraciado o que te descalifiques por algo que pasó. Conozco gente que camina con un oscuro nubarrón persiguiéndoles todo el tiempo. Es como un vago sentimiento que no pueden definir, pero algo les dice todo el tiempo: "Jamás lograrás ser feliz. Olvídalo".

No puedes quedarte ahí y aceptar ese tipo de declaraciones con respecto a tu vida. Tienes que levantarte y empezar a dialogar contigo de manera nueva, diferente. Durante todo el día, deberás escuchar cosas como: "Algo bueno me sucederá. Dios se complace en mí. Tengo un brillante futuro por delante. Lo mejor está por venir". Tienes que cambiar por dentro antes de que puedas cambiar por fuera.

Oración de hoy para alcanzar lo mejor de ti

Padre, quiero hablar contigo más a menudo y quiero
hablarte con mayor sinceridad respecto de mí. Ayúdame
a hablar de mí de la forma en que me ves.

Pensamiento de hoy para alcanzar lo mejor de ti

Repetiré las cosas maravillosas que Dios dice de mí, una y otra vez.

Grandes expectativas

Pasaje para que alcances lo mejor de ti: Josué 5:1-9

Luego el Señor le dijo a Josué: "Hoy les he quitado de encima el oprobio de Egipto." Por esa razón, aquel lugar se llama Guilgal hasta el día de hoy.

—Josué 5:9

D IOS LES DIJO A LOS HIJOS DE ISRAEL EN JOSUÉ 5 VERSÍCULO 9: "*Hoy he quitado de vosotros el oprobio de Egipto*". Es decir que el pueblo judío no se sentía bien consigo mismo. Fueron heridos, maltratados, y estaban desalentados aun cuando Dios los liberó de la esclavitud. Entonces Dios vino a ellos y les dijo: "Basta de hacer eso. Quite de vosotros el oprobio y la ofensa". Creo que hacía falta que Dios quitara de sobre ellos el oprobio antes de que pudieran entrar en La Tierra Prometida.

Lo mismo pasa con nosotros. Tal vez intentas vivir en victoria, buscando el éxito, tratando de que tu matrimonio sea bueno. Pero el problema está en tu negatividad hacia ti mismo. No te sientes bien con quien eres y todo el tiempo habitas en tus dolores y en problemas del pasado. Al menos que tengas la voluntad de dejar las ofensas e intentes concentrarte en las nuevas posibilidades, encontrarás que te mantienen atascado, atado al lugar en que estás.

No puedes tener una mala actitud contigo y esperar lo mejor de Dios para tu vida. Deja de concentrarte en lo que hiciste mal, porque Él levantó el reproche, la vergüenza, los fracasos y los obstáculos de tu pasado. Esto significa que Dios cumplió lo suyo y ahora te toca a ti. Deja todo eso atrás para poder entrar en tu tierra prometida. Comienza a pensar, sentir y hablar de manera positiva con respecto a ti mismo.

La Biblia dice: "Estoy convencido de esto: el que comenzó tan buena obra en ustedes la irá perfeccionando hasta el día de Cristo Jesús" (ver Filipenses 1:6).Piensa en esto: Nuestra fe, no es efectiva cuando reconocemos todo lo malo que hay en nosotros. No es efectiva si nos mantenemos atentos a nuestros defectos y debilidades todo el tiempo. Pero es más efectiva si reconocemos todo el bien que hay en nosotros. Declara cosas como: "Tengo un futuro brillante. Tengo talento y dones. Agrado a las personas. Tengo el favor de Dios."

Nuestra fe es más efectiva cuando reconocemos las cosas buenas que hay en nosotros.

Cuando creemos en el Hijo de Dios, Jesucristo y en nosotros, la fe cobra vida. Cuando creemos podemos tomar lo que queremos, cuando nos concentramos en nuestras posibilidades.

Lamentablemente, muchísimas personas hacen todo lo contrario. Porque reconocen todo lo malo que hay en ellos. Y en su subconsciente continúan todo el tiempo escuchando las voces negativas que producen en ellos una mala opinión de sí mismos. Si te identificas con este grupo, deberías cambiar la grabación que hay en tu interior.

Posiblemente por ingenuidad, pero yo espero gustarle a la gente. Espero que la gente sea amable conmigo. Tengo la expectativa de que la gente quiera ayudarme. Tengo una opinión positiva de mí y de lo que soy, porque sé lo que soy: pertenezco a Dios todopoderoso.

No entres a los lugares sintiéndote tímido, inseguro y pensando: "No le caeré bien a nadie aquí. Míralos. Quizá estén hablando de mí. Sabía que no debía vestirme así. Sabía que debía quedarme en casa". ¡No! Que tu diálogo interior vaya en rumbo contrario. Tu fe solamente podrá ser efectiva si reconoces el bien que hay en ti. Tienes que desarrollar el hábito de sentir cosas positivas con respecto a ti mismo. Debes tener una buena opinión de ti, como persona.

No eres "sólo" nada.

Me dirás: "Es que soy nada más que un ama de casa. Sólo soy un hombre de negocios. No soy más que una maestra de escuela". No eres "sólo" nada. Eres hijo o hija del Dios altísimo. Estás cumpliendo con tu propósito. El Señor ordena tus pasos. El bien y la misericordia te siguen. Eres una persona de destino. Si conoces y reconoces estas cosas estarás nutriendo tu confianza.

Oración de hoy para alcanzar lo mejor de ti

Padre, gracias por hacer de mí alguien con quién tú
quieres estar, alguien a través de quien quieres obrar en
el mundo. ¡Estoy disponible para lo que quieras!

Pensamiento de hoy para alcanzar lo mejor de ti

Dios está obrando cosas buenas en mí y a través de mí en este día.

Tercera parte

FORMA MEJORES RELACIONES

Mejora la vida de alguien

Pasaje para que alcances lo mejor de ti: 1 Corintios 13:1-7

El amor es paciente, es bondadoso. El amor no es envidioso ni jactancioso ni orgulloso.

—1 Corintios 13:4

S I QUIERES ABUNDANCIA Y CRECIMIENTO EN TU VIDA, SI QUIE-res que cambie para mejor, entonces tendrás que mejorar la vida de alguien más. Si ayudas a alguien a alcanzar el éxito Dios se asegurará de que también tú lo alcances.

Dios pone a propósito a las personas que tenemos en nuestras vidas para que podamos ayudarlas a alcanzar el éxito, ayudarlas a llegar a ser todo lo que Él quiere que sean. Muchos no alcanzarán todo su potencial si no saben que alguien cree en ellos. Esto significa que tú y yo tenemos una misión. Dondequiera que estemos debemos alentar a las personas, edificarlas y presentarles nuevos desafíos para llegar a algo más. Cuando la gente está con nosotros deberían sentirse mejor que antes. En lugar de sentir desaliento o derrota, si pasan tiempo contigo o conmigo debieran sentirse inspirados, con desafíos para alcanzar algo más alto.

La Biblia dice que el amor es benigno. Una de las traducciones dice: "El amor busca la forma de ser constructivo". Es decir que el amor busca formas en las que puedan ayudar a alguien a mejorar su vida.

....

Tienes algo para ofrecer, que nadie más puede dar.

....

Tómate el tiempo que hace falta para marcar una diferencia. No te obsesiones con mejorar tu vida. Piensa cómo puedes mejorar la vida de alguien más. Nuestra actitud debería ser siempre así: ¿a quién puedo alentar hoy? ¿A quién edifico? ¿Cómo podría mejorar la vida de alguien?

Tienes algo para ofrecer, que nadie más puede dar. Alguien necesita de tu aliento. Alguien necesita saber que crees en él o ella, que estás a su favor y que piensas que tienen lo necesario para lograr el éxito. Si miras al pasado y observas tu propia vida, es probable que encuentres quién fue de apoyo para que lograras llegar adonde estás hoy. Quizás fueron tus padres o algún maestro los que creyeron y te ayudaron a que también creyeras en ti. Quizá fue tu jefe, que te dio una posición importante aun cuando no te sentías calificado. O el consejero de la escuela, que te dijo: "Eres capaz. Puedes ir a esta universidad. Serás exitoso en esta profesión porque puedes serlo".

Algo vieron en ti, que tú mismo no lo viste y te ayudaron a alcanzar un nivel más alto. Ahora es tu turno de hacer algo parecido para otros. ¿En quién crees? ¿A quién animas y alientas? ¿A quién estás ayudando a alcanzar el éxito? No hay mayor inversión en la vida que la de amar a los demás. Las relaciones son más importantes que nuestros propios logros.

Oración de hoy para alcanzar lo mejor de ti

Padre, me mostraste tu amor, mediante la bondad. Ayúdame a ver cómo puedo transmitir esa bondad a los demás en este día y así poder hacer que sus vidas sean mejores.

Pensamiento de hoy para alcanzar lo mejor de ti

Hoy le daré bondad y amor a alguien.

Cree lo mejor

Pasaje para que alcances lo mejor de ti: 1 Corintios 8:1-6

*En cuanto a lo sacrificado a los ídolos, es cierto que todos tene-
mos conocimiento. El conocimiento envanece, mientras que el
amor edifica.*

—1 CORINTIOS 8:1

TIENES EN TU INTERIOR DONES Y TALENTOS QUE NI SIQUIERA
soñaste tener o usar. Puedes ir más lejos y lograr más. No te
contentes con el *statu quo*. Puedes vencer cualquier desafío que se
levante delante de ti. Puedes romper con cualquier adicción. Tienes
el poder del Dios todopoderoso dentro de ti. La Biblia nos dice en 1
Corintios 8, versículo 1, que el amor alienta a las personas a crecer
al máximo. Cuando crees lo mejor de las personas, les ayudas a traer
lo mejor de ellos.

Hay muchas personas que solo necesitan una chispa de esperanza,
alguien que les diga: "Sí, puedes hacerlo. Puedes lograr lo que sea".

¿Crees lo mejor de tus hijos? ¿Estás inspirándoles la confianza que
necesitan, esa autoconfianza que les indica que lograrán grandes cosas
en la vida? ¿Crees lo mejor de todos tus seres amados? Quizá algunos
se desviaron. No los abandones. No los taches de la lista. Asegúrate
de que sepan que te importan. Que te interesan y que realmente crees
en ellos.

. . . .

Cuando crees lo mejor de las personas les ayudas a traer lo mejor de ellos.

. . . .

La clave es la siguiente: no te concentres en lo que son en este
momento. Concéntrate en lo que llegarán a ser. Mira el potencial que
tienen dentro. Sí, puede ser que tengan malos hábitos o que hagan

cosas que no te gusten. Pero no los juzgues. No los critiques ni despre-
cies. Encuentra la forma de desafiarlos a elevarse, de llegar más alto.
Diles: "Estoy orando por ti. Creo que podrás romper con esa adicción.
Creo que lograrás grandes cosas en tu vida".

Tendrás una agradable sorpresa cuando veas cómo responden al
ver que en verdad te importan. Dondequiera que iba Jesús, veía potencial en personas que no lograban verlo en sí mismas. No se concentra-
ba en sus defectos o flaquezas. Los veía como llegarían a ser.

Oración de hoy para alcanzar lo mejor de ti

Ayúdame padre, para que hoy vea lo mejor de los demás
y pronuncie en sus vidas también lo mejor. Permite que
haga por los demás algo de lo que hiciste por mí.

Pensamiento de hoy para alcanzar lo mejor de ti

Hoy puedo hacer algo que ayude a que surja lo mejor de alguien.

Lo que más importa

Pasaje para que alcances lo mejor de ti: Santiago 5:7-11

No se quejen unos de otros, hermanos, para que no sean juzgados.
¡El juez ya está a la puerta!

—SANTIAGO 5:9

S I QUEREMOS RELACIONES SANAS TENEMOS QUE APRENDER A mantenernos alejados a las peleas. Dios nos creó, a cada uno de nosotros, como individuos únicos. Tenemos personalidades y temperamentos distintos. Vemos las cosas de manera diferente, así que no debería sorprendernos que de tanto en tanto, existan roces. Muy a menudo, si alguien no está de acuerdo con nosotros, esto nos molesta y se crea un ambiente propicio para la pelea. Descubrí que el hecho de que alguien esté en desacuerdo conmigo o no, haga las cosas como yo las hago no significa que esa persona esté equivocada y yo esté en lo cierto. Somos diferentes, nada más. Y nuestras diferencias pueden causar fricción.

Hace falta madurez para llevarnos bien con alguien distinto. Y también hace falta paciencia para no discutir por cosas menores, para no sentirse ofendido por poca cosa. Si queremos mantenernos alejados de las peleas, tendremos que aprender a darles a los demás el beneficio de la duda.

También tendremos que pasar por algunas cosas. Todos tenemos defectos. Todos tenemos flaquezas. No tenemos que esperar la perfección en quienes nos rodean. No importa cuán grandiosa sea una persona, o lo mucho que la ames, si estás con ella el tiempo suficiente tendrás oportunidades de sentirte ofendido. Porque no existe tal cosa como el cónyuge perfecto, el jefe perfecto y ni siquiera el pastor perfecto (¡aunque yo sí estoy cerca!).

Si no somos realistas en cuanto a nuestras expectativas y esperamos que el otro sea perfecto; no somos justos y esto nos causará frustración. Siempre sentiremos desilusión.

Hay quienes viven con la actitud de: "Te amo siempre y cuando no me lastimes. O siempre y cuando no te equivoques. Seré tu amigo mientras me trates bien. Cuando hagas las cosas a mi modo. Entonces te aceptaré y seré feliz".

No debería sorprendernos que existan roces
cada tanto en nuestras relaciones.

Esto es muy injusto y pone demasiada presión sobre la otra persona. La Biblia nos enseña que el amor da lugar a las debilidades del otro. El amor cubre los defectos del otro. Es decir que tenemos que dejar pasar algunas cosas. Deja de esperar la perfección de parte de tu esposo, tu esposa, tus hijos, u otras personas. Aprende a mostrar algo de misericordia.

No encontraría mejor esposa que Victoria. Es extremadamente cariñosa, afectuosa, generosa y aun así hay cosas que tengo que dejar pasar, cosas que elijo no tomar en cuenta. Esto no implica que hay algo malo en ella. Es humana. Pero si fuera crítico y buscara señalar defectos, llevando un registro de todas sus equivocaciones, nuestra relación sufriría. Y no llevaría mucho tiempo para que nos peleáramos, discutiéramos o estuviésemos siempre en desacuerdo.

En cambio, elegimos el camino de la paciencia. Aprendimos a no lamentarnos por lo que el otro haga o diga y que pudiera molestarnos un poco. A no ofendernos con facilidad.

Pocas cosas hay peores que la convivencia con alguien quisquilloso. Si alguien te ofende o te molesta, aprende a dejarlo atrás y sigue adelante. La Biblia nos enseña que el amor siempre cree lo mejor de los demás. "Es que mi marido apenas me dirigió la palabra esta mañana. Ni siquiera me agradeció por la cena la otra noche", dirá una mujer.

Recuerda que el amor cubre toda falta. En lugar de pasar tu día molesta y ofendida, considera el hecho de que tal vez él no se sintiera del todo bien. En el trabajo quizá hay muchas presiones o algo que le perturba. En lugar de criticar y condenar, dale el beneficio de la duda y cree lo mejor de él.

Oración de hoy para alcanzar lo mejor de ti

Padre, gracias por las personas especiales que trajiste a mi vida. Haz que recuerde que debo perdonarlas, así como me perdonaste. Ayúdame a verlas como las ves tú.

Pensamiento de hoy para alcanzar lo mejor de ti

Cuanto más grave sea la ofensa, más pesada será y menos valdrá la pena cargarla a cuestas.

Aprende a hacer las paces

Pasaje para que alcances lo mejor de ti: Marcos 3:20-27

*Y si una familia está dividida contra sí misma, esa familia no
puede mantenerse en pie.*

—MARCOS 3:25

LA BIBLIA DICE QUE TENEMOS QUE ADAPTARNOS Y AMOLDAR-
nos con el fin de mantener la paz (ver Romanos 12:16). No dice
que los demás tienen que adaptarse y amoldarse a nosotros. Si tenemos paz, debemos estar dispuestos a cambiar. No puedes vivir con la
actitud de: "Si ella empezara a hacer lo que le pido tendríamos paz o
si mi esposo empezara a guardar sus cosas nos llevaríamos bien. Si mi
jefe me tratara bien no sería tan rudo con él".

Conozco gente que se divorció porque mantuvo encendido el enojo por algo tonto o insignificante. Permitieron que las heridas se in-
fectaran y al poco tiempo, las peleas eran cosa habitual y cada vez más
feroces. En el fondo, quizá siguieran amándose, pero con los años la
pelea creó una brecha en su relación.

Jesús dijo que la casa dividida será destruida y no perdurará. Observa que si permites que la pelea se entrometa en tu relación, terminará destruyéndola. Tal vez no suceda de la noche a la mañana o
en unos meses, ni siquiera en un par de años. Pero si permites que el
enojo crezca, si guardas rencor, haces comentarios sarcásticos o cosas
parecidas, aunque no te des cuenta esa relación va camino a la destrucción. La pelea carcome los cimientos, al menos que decidas hacer
algo pronto, tu vida terminará siendo un desastre. Podrías muy bien
levantarte un día y pensar: "¿Qué hice? Destruí esta relación. ¿Cómo
pude cometer tal tontería?".

*No importa tener siempre la razón. Importa alejar
la discordia y las peleas de tu vida.*

No seas obstinado. No seas cabeza dura. Es probable que durante meses te enemistaste con alguien, siéndole indiferente, sin hablarle. La vida es demasiado corta como para vivirla así. Si es posible, acércate a esa persona y haz las paces. Aun tienes oportunidad de hacerlo.

Hace poco, hablé con un hombre que se sentía derrotado, quebrado. Cuando le pregunté qué le pasaba me dijo que su padre y él discutieron por una cuestión de negocios. No se hablaron en dos años. Me dijo: "Joel, en el fondo sabía que tenía que hacer las paces, pero siempre lo postergaba. Esta semana me llamaron para decirme que mi padre tuvo un ataque al corazón y murió".

Imagina el dolor emocional con que vive este hombre ahora.

No esperes a que sea demasiado tarde como para hacer las paces con alguien de quien te distanciaste. Hazlo hoy. Trágate tu orgullo y discúlpate, aun si no fue tu culpa. Guarda la paz. Entiende que no importa tener siempre la razón. Importa alejar la discordia y las peleas de tu vida. Podrás ganar todas las discusiones, pero si esto le abre la puerta a la discordia, divide, separa y causa destrucción, al final no habrás ganado nada. Terminarás perdiendo mucho, en cambio.

Creo que Dios siempre nos advierte con avisos. Quizá sólo diga: "Deja de discutir por todo. No busques defectos en los demás. No lleves una lista de ofensas. Haz las paces". Cuando reconocemos su voz, tenemos que responder.

"Es que la última vez fui quien se disculpó. No es justo. Ahora le toca a él". Es posible que no sea justo, pero contribuirá a que sigan juntos. Trágate el orgullo. Sé más grande. Cuando lo hagas sembrarás una semilla y Dios siempre te compensará por ello.

Oración de hoy para alcanzar lo mejor de ti

En todo lo que de mí dependa, padre, quiero vivir con paz en nuestro hogar. Por favor, sana toda división y enséñame a ser quien haga la paz.

Pensamiento de hoy para alcanzar lo mejor de ti

Hoy viviré como instrumento de la paz de Dios.

Protege a tu familia

Pasaje para que alcances lo mejor de ti: Nehemías 4:1-23

Luego de examinar la situación, me levanté y dije a los nobles y gobernantes, y al resto del pueblo: "¡No les tengan miedo! Acuérdense del Señor, que es grande y temible, y peleen por sus hermanos, por sus hijos e hijas, y por sus esposas y sus hogares."

—NEHEMÍAS 4:14

UNA DE LAS AMENAZAS MÁS GRANDES QUE SE CIERNE SOBRE nosotros en este siglo, no tiene nada que ver con los ataques terroristas, ni las catástrofes ecológicas. Es el ataque contra nuestros hogares. No hay nada que le guste más al enemigo que arruinar tu relación con tu esposo, con tu esposa o tu relación con tus padres o hijos. Así, las peleas, falta de compromiso, prioridades equivocadas y malas actitudes logran destruir muchísimos hogares. Si queremos relaciones fuertes y sanas debemos plantarnos firmes y pelear por nuestras familias.

El Antiguo Testamento nos habla de la época en que Nehemías reconstruía las murallas de Jerusalén. Estas fueron derribadas años antes y el enemigo aprovechaba para atacar al pueblo de Dios, sus hogares, esposas e hijos, mientras los hombres trabajaban en la construcción. La situación empeoró,a tal punto que Nehemías mandó a sus hombres a trabajar con un martillo en una mano y una espada en la otra. Les animó: *"... Peleen por vuestros hermanos, por vuestros hijos y por vuestras hijas, por vuestras mujeres y por vuestras casas"* (Nehemías 4.14). Luego dijo: *"Si pelean, entonces Dios peleará también"*.

Creo que Dios nos está diciendo hoy algo parecido. Si hacemos lo que nos toca y defendemos con firmeza a nuestras familias, Dios hará lo suyo. Nos ayudará a que nuestros matrimonios y relaciones con hijos y padres sean excelentes.

Claro que no todo el mundo se casa, pero si un hombre y una mujer deciden hacerlo, hay dos cosas que deben dejar bien en claro desde el principio. Número uno: como matrimonio, nuestro compromiso es con Dios. Viviremos una vida que dé honra a Dios. Seremos personas de integridad y excelencia en todo lo que hagamos.

La segunda cosa que establecerán los matrimonios un compromiso mutuo. En ocasiones podremos estar en desacuerdo, decir cosas que no debemos, quizá protestar y hasta enojarnos. Pero al fin y al cabo, nos sobrepondremos a ello y perdonaremos y seguiremos adelante. Separarse no es una opción. Estamos comprometidos el uno con el otro, en las buenas y en las malas.

Si salirse de la relación es una opción o alternativa, entonces siempre encontrarán una justificación para hacerlo: "Es que no nos llevamos bien. Es que no somos compatibles. Es que lo intentamos, pero no hay amor".

La verdad es que no hay dos personas que sean totalmente compatibles. Tenemos que aprender a ser uno solo. Esto significa que renunciaremos a ciertas cosas y a dejar pasar por alto otras. Tenemos que estar dispuestos a resignar ciertas cosas, en bien de la relación.

No existe el cónyuge perfecto. Victoria a veces les dice a las personas: "Oh, mi esposo Joel es el marido perfecto".

No le crean ni por un minuto. ¡Lo dice por fe! Quédate con tu cónyuge y haz que la relación funcione. Una señora me dijo: "Con mi esposo nos casamos para las buenas y las malas. Es que él no podría ser más bueno y yo no podría ser más mala".

Si existe desacuerdo, que sea del cuello hacia arriba. Que no llegue nunca al corazón. Victoria y yo no siempre estamos de acuerdo, pero acordamos estar en desacuerdo. Cuando presentes tus razones no intentes hacer que el otro cambie de ideas. Dale el derecho a tener su propia opinión. Si no puedes ser feliz a menos que te den la razón, entonces simplemente intentas manipular al otro. Intentas obligarle a compartir tus opiniones. Lo mejor que puedes hacer es dar tus motivos, compartir lo que hay en tu corazón y luego dar un paso atrás para permitir a Dios que haga su obra en esa persona o situación.

Oración de hoy para alcanzar lo mejor de ti

Padre, ayúdame a no ser egoísta y a luchar por mi familia. Necesitamos la ayuda que nos prometiste. Te doy la bienvenida a nuestro hogar.

Pensamiento de hoy para alcanzar lo mejor de ti

Me comprometo a lograr que mi familia sea una familia mejor.

A veces luchar significa amar

Pasaje para que alcances lo mejor de ti: Proverbios 31:10-31

Sus hijos se levantan y la felicitan; también su esposo la alaba.
—PROVERBIOS 31:28

S I QUEREMOS ALCANZAR EL ÉXITO AL DEFENDER Y LUCHAR POR nuestras familias, tendremos que trabajar constantemente sobre la calidad del amor y el aliento, dentro de nuestras familias. Como el escritor de Proverbios 31 elogiaba a su esposa, sus hijos se levantaban y la bendecían también (ver Proverbios 31.28). Es incuestionable: cuando un esposo elogia y bendice a su esposa, los hijos seguirán su ejemplo. El modo en que un hombre trata a su esposa, tendrá profundo impacto en cómo sus hijos honran y respetan a su madre. Los tonos de voz, el lenguaje corporal y la actitud son cosas que los niños reciben de manera subconsciente.

Papá: tu hija muy probablemente se case con alguien que se parezca a ti. Si eres altanero, si no ofreces respeto, si insultas a tu esposa o le dices cosas hirientes, no te sorprendas si tu hija se inclina hacia alguien con estas características. Sé que debo tratar a mi esposa como quiero que alguien trate a mi hija en el futuro.

Mamá: tienes que tratar a tu esposo de la misma forma en que quieres que alguien trate a tus hijos. Hombres: ábranle la puerta a su esposa para que pase primero. Llévenles café por las mañanas. Esfuércense por mostrarles amor, honra y respeto. Escuché decir por ahí que: "Si un hombre nunca le abre la puerta del auto a su esposa, tiene un auto nuevo o una esposa nueva".

Es posible que nos falte volver a una sociedad que alienta a los hombres a respetar y honrar a las mujeres. "Es que si hago así mis amigos pensarán que soy un debilucho, me dirá alguno. Se reirán de mí".

Si es ese el caso, quizás necesites amigos nuevos. La masculinidad de un hombre de verdad no se ve mellada porque le abra la puerta del auto a su esposa. Ser varón no necesariamente implica que uno sea hombre. Se es hombre si se trata a las personas con dignidad y respeto. Eres hombre si cuidas a tu esposa y a tu familia. Si proteges a tus hijos. Si pronuncias bendición sobre tu esposa y tus hijos: eso es ser hombre de verdad.

Sí, claro que quizá no te criaron en ese tipo de ambiente, pero tú puedes establecer nuevos parámetros. Puedes buscar parámetros más altos. En el proceso de la reproducción es el hombre quien determina el sexo del niño por nacer. La mujer contribuye dos cromosomas X, el hombre contribuye un cromosoma X y un Y. Si el padre le da a la mujer una X, nacerá una niña. Si le da una Y, nacerá un varón. Así que, papás, tienen ustedes una influencia suprema sobre el sexo de sus hijos.

. . . .

Sí, claro que quizá no te criaron en ese tipo de ambiente,
pero tú puedes establecer nuevos parámetros.

. . . .

Padres: Tienen sobre ellos una influencia increíble y también en otros aspectos. Todos los días, como bendices a tu esposa, tienes que bendecir también a tus hijos. Míralos fijo a sus ojos, a tu hijo o hija y diles: "Estoy tan orgulloso de ti. Pienso que eres genial. No hay nada que no puedas hacer". Tus hijos necesitan tu aprobación. Estás contribuyendo a la formación de su identidad. Si como padres estamos demasiado ocupados o no estamos nunca, quizá solo los corregimos sin brindarles afirmación, nuestros hijos no tendrán confianza en sí mismos y la seguridad que necesitan.

Por cierto, hay momentos en que el padre no puede estar presente debido a otras responsabilidades. Pero tendrás que esforzarte por mantener en orden tus prioridades. No hay éxito profesional que pueda compensar el fracaso en el hogar.

Sí, vi a algunos lograr hazañas en el mundo de los negocios, pero que lo hicieron a expensas de sus hijos. Hijos que crecieron sin una figura paterna.

Padres: lleven a sus hijos a la iglesia. No los manden solos sin acompañarlos. Asistan a sus partidos de pelota todo lo que puedan. Conozcan a sus amigos. Escuchen la música que ellos escuchan. Los niños buscan dirección y guía. Cuando ese joven viene a buscar a su hija para salir, recíbanlo en la puerta de la casa y háganle saber que hay un hombre en la casa que cuida a la joven. Padres y madres: tenemos que pelear por nuestros hijos. Si peleamos por ellos, Dios peleará con nosotros.

Oración de hoy para alcanzar lo mejor de ti

Padre, ayúdame a bendecir a mi familia. Que hable y haga el bien en sus vidas. Quiero ser el tipo de familiar que quieres que sea.

Pensamiento de hoy para alcanzar lo mejor de ti

Hoy, al bendecir a mi familia estaré luchando por defenderla.

Lo que necesitan los hijos

Pasaje para que alcances lo mejor de ti: Deuteronomio 6:1-9

Grábate en el corazón estas palabras que hoy te mando. Incúlcaselas continuamente a tus hijos. Háblales de ellas cuando estés en tu casa y cuando vayas por el camino, cuando te acuestes y cuando te levantes.

—DEUTERONOMIO 6:6-7

HACE AÑOS, EN LA RESERVA ECOLÓGICA MÁS GRANDE DE SUdáfrica hubo exceso de elefantes. Los encargados decidieron tomar a trescientos elefantes machos, separarlos de sus padres y del resto de los elefantes adultos. Los "huérfanos" fueron llevados a otro parque nacional, donde el rinoceronte reinaba como "rey del parque". El rinoceronte no tiene enemigos naturales.

No tiene depredadores, ni siquiera el león, el tigre o el oso. El rinoceronte es demasiado fuerte para eso y por lo tanto los cuidadores de la reserva, pensaron que no existirían problemas al mezclar a los elefantes con los rinocerontes. Al poco tiempo empezaron a encontrar rinocerontes muertos en el parque. No podían entender qué estaba pasando, por lo que instalaron cámaras de vigilancia. Se sorprendieron al ver que los elefantes jóvenes, los que no tenían figura de padre o madre, formaron pandillas y atacaban con mucha violencia a los rinocerontes.

Ni siquiera está en el instinto que Dios les dio el impulso de actuar de esta manera, pero la falta de influencia materna y paterna hizo que se diera este extraño y fatal fenómeno.

Creo que algo similar acosa y amenaza a nuestros hijos. La razón por la que se meten en problemas muchas veces puede rastrearse por la falta de modelos positivos en sus vidas. No tienen quien pronuncie bendición sobre ellos, quien ore sobre ellos. No tienen figuras paternas y muchos ni siquiera tienen figuras maternas positivas y saludables. Esto no significa que los chicos sean incorregibles. Sencillamente, es un hecho que los niños sin guía paterna a veces hagan cosas, que de otro modo no harían, de estar papá y mamá allí.

Tenemos la responsabilidad de alcanzar a esos niños que no tienen figura paterna y materna. Quizá puedas ser mentor o mentora de un joven o de una chica adolescente. Si realmente quieres recibir bendición no pelees sólo por tu familia. Pelea también por la familia de alguien más. Cubre la brecha de esa madre soltera o de ese padre que cría solo a sus hijos.

....

No pelees sólo por tu familia. Pelea también por la familia de alguien más.

....

Cuando lleves a tu hijo a jugar a la pelota, lleva también a ese niño que no tiene figura paterna. Haz lo mismo con otros niños y niñas. Ayúdales a descubrir su identidad.

Mandy creció en un hogar disfuncional. Su padre nunca estaba en casa y su madre tenía muchos problemas. En su adolescencia, Mandy prácticamente estuvo a cargo de la crianza de su hermanito. Para todos, parecía que Mandy lograba manejar la situación razonablemente bien, pero por dentro lloraba pidiendo ayuda.

Un día, su amiga le dijo que su padre era dueño de un restaurante de comidas rápidas. "Vamos, Mandy. Ven. Mi papá quizá pueda darte un empleo", le sugirió. Mandy fue y el caballero no sólo le dio empleo sino que la acogió bajo su ala. Comenzó a cuidarla, asegurándose de que cambiara el aceite del auto, viendo que tuviera buenas calificaciones, etc. No se daba cuenta, pero estaba convirtiéndose en la figura de padre que Mandy tanto anhelaba. Años después, cuando Mandy iba a casarse y su padre verdadero estaba quién sabe dónde, ¿a quién eligió Mandy como padrino en la boda?

Así es, al hombre del restaurante. Es que este hombre se tomó el tiempo para cuidarla. Peleó no sólo por su familia, sino por la hija de otro hombre también. Hoy Mandy es una mujer sana, plena, felizmente casada, y parte del crédito, es para el hombre que se convirtió en su figura paterna. Defiende a tu familia y luego sé "familia" para alguien más, para alguien que necesite un padre, una hermana, una madre o un hermano. Cuando te tomes tiempo para los demás, Dios proveerá.

Oración de hoy para alcanzar lo mejor de ti

Padre, cada vez que hablo contigo utilizo el lenguaje de la familia. Sin familia no estaría aquí. Gracias por hacerme parte de tu familia. Haz que sea fuente de ánimo y aliento para aquellos que están dentro y cerca de mi familia terrenal.

Pensamiento de hoy para alcanzar lo mejor de ti

Hoy puedo darle a alguien el don de ser familia.

Invierte en tus relaciones

Pasaje para que alcances lo mejor de ti: Génesis 23:1-20

Los hititas le respondieron: "Escúchenos, señor; usted es un príncipe poderoso entre nosotros. Sepulte a su esposa en el mejor de nuestros sepulcros. Ninguno de nosotros le negará su tumba para que pueda sepultar a su esposa".

—GÉNESIS 23:5-6

S I QUIERES QUE TUS RELACIONES PROSPEREN, TIENES QUE INvertir en ellas, entregando en lugar de tomar. Dondequiera que vayas, esfuérzate por hacer depósitos relacionales en las vidas de los demás, alentándolos, edificándolos y haciendo que se sientan mejor con ellos mismos.

Claro que no siempre será fácil. Hay gente difícil, porque suelen absorberte toda la energía. No son personas malas. Es sólo que te agotan porque todo lo toman para sí. Siempre tienen algún problema o alguna crisis de la que están convencidos, que solo tú, puedes ayudarlos a salir. Hablan todo el tiempo, tanto que ni siquiera puedes meter bocado. Para cuando termina la conversación, sientes que tu energía emocional está al límite. La gente difícil no hace depósitos positivos, porque están demasiado ocupados haciendo extracciones y retiros.

Por favor, no me malentiendas. Está bien sentirse triste o desalentado cada tanto. Todos tenemos derecho a tener un mal día. Pero si haces esto todo el tiempo, allí sí hay un problema. No tendrás buenas amistades si estás tomando el último resto de energía emocional de todos los que te rodean.

Me gusta pensar que mis relaciones son "cuentas bancarias emocionales". Tengo una cuenta con cada una de las personas con quienes me relaciono, hasta con quienes conozco al pasar. Tengo una cuenta emocional con el guardia de seguridad del trabajo, con el hombre de la estación de servicio, con el camarero del restaurante. Cada vez que interactúo con ellos, hago un depósito o una extracción en esa cuenta.

¿Cómo se hace un depósito? Puede ser tan simple como tomarse un minuto para acercarse y saludar al hombre: "¿Cómo te va hoy, amigo? ¡Buenos días! Es bueno verte".

El solo hecho de tomarte tiempo para hacer que este hombre se sintiera importante, hizo un depósito en la cuenta. Este acto de amabilidad construye confianza y respeto. Puedes efectuar un depósito con sólo sonreírle a alguien, siendo amable aun en medio de una situación común.

También efectúas depósitos al elogiar a alguien. A ese compañero de trabajo, dile: "¡Qué buena estuvo tu presentación! ¡Lo hiciste muy bien!". Dile a tu esposo: "Aprecio lo que haces por nuestra familia" O a tu esposa: "Haces que sea divertido vivir aquí". Cuando haces todo esto, no estás elogiando nada más, sino efectuando un depósito en la cuenta que compartes con esa persona.

En casa, tus depósitos pueden ser un abrazo o un beso a tu esposa, o decirle que la amas. Haces depósitos en las cuentas de tus hijos cuando pasas tiempo con ellos, cuando escuchas a tu hija que toca el piano, cuando vas al parque y miras cómo anda en la patineta tu hijo.

Hay un modo sutil aunque asombrosamente efectivo: puedes pasar por alto las fallas. Quizá un compañero de trabajo sea maleducado contigo, o te critique por algo muy insignificante. En lugar de contestar mal, déjalo pasar. Al día siguiente, cuando se disculpe, le dices: "No te preocupes. Te perdoné. Ni siquiera volví a pensar en ello. Sabía que no eres así".

Cuando haces tales cosas, efectúas enormes depósitos en tu cuenta con esa persona. En su escala de valores, subes muchos escalones. Y un día cuando estés tensionado y quizá no le trates tan bien como lo tratas siempre, habrá mucho en tu cuenta para cubrir esa falla.

Oración de hoy para alcanzar lo mejor de ti

*Padre, muéstrame esos lugares de mi vida donde suelo tomar
en lugar de dar. Y luego, ayúdame a revertir eso. Sé que puedo
invertir más en las personas que hay en mi vida.*

Pensamiento de hoy para alcanzar lo mejor de ti

Hoy voy a efectuar un generoso depósito en la vida de alguien.

Primero, deposita

Eviten toda conversación obscena. Por el contrario, que sus palabras contribuyan a la necesaria edificación y sean de bendición para quienes escuchan.

—EFESIOS 4:29

ME ASOMBRA CÓMO RESPONDEN LAS PERSONAS CUANDO UNO sabe que las defiende, que está a su favor y que quiere lo mejor para ellas. Muchas veces estarán dispuestas a cambiar sabiendo que no las condenarás, que no intentarás aplastarlas o hacer que se sientan mal consigo mismas. La corrección sincera siempre inspira a la gente a querer ser mejor.

....

Los primeros treinta segundos de una conversación determinan cómo será la primera hora.

....

Si haces que sea prioridad el saldo en tu cuenta relacional, tendrás menos problemas para que la gente reciba tus sugerencias o correcciones. De hecho, un experto dice que los primeros treinta segundos de una conversación determinan cómo será la primera hora de charla. Así que, cuando tengas que hablar sobre un tema sensible, cuando lo que digas tenga potencial para causar conflicto o problemas, habla siempre primero de lo positivo. Asegúrate de que el momento sea adecuado. Asegúrate de que pensaste en cómo comenzarás la charla y presta atención al tono de tu voz.

Y a tu lenguaje corporal. Mantén una expresión agradable y elige el amor como hilo conductor de la conversación. Cuando intentas mejorar una relación, si tus palabras u acciones hacen que la otra persona se ponga a la defensiva, estás derrotado. No van a recibir lo que tengas para decir. Se sentirán heridos y quizás señalen qué faltas cometes: "Bueno, ¿quién eres para decirme eso?", podrán replicar. "¡No eres mejor que yo! ¿Piensas que eres perfecto?". Puedes evitar todo eso si tu modo de actuar es más positivo.

Hay estudios que demuestran que se requieren cinco cargas positivas para compensar una sola carga negativa. Es decir que si quieres corregir a alguien, tienes que asegurarte de que le ofreciste cinco elogios. Lamentablemente, en nuestra sociedad de hoy, esa relación de elogios versus correcciones es casi lo opuesto. Escuchamos cinco críticas por cada elogio. No es de extrañar que nuestras relaciones estén tan mal. Hemos sobregirado la cuenta.

· ·

Hacen falta cinco cargas positivas para compensar una sola carga negativa.

· ·

Al corregir a alguien no debemos empequeñecerlo ni hacer que se sienta insignificante. En la oficina, no permitas que tu actitud sea: "¿Cómo se te ocurre eso? ¿Qué loca idea es esta?". En cambio, esfuérzate por encontrar lo bueno en toda sugerencia, aun cuando no sepas para qué sirve.

Recuerda que el amor sincero deja pasar las faltas. El amor perdona toda ofensa, todo error. El verdadero amor siempre ve lo mejor en todas las personas. Si quieres efectuar un enorme depósito en la vida de alguien, cuando se equivoquen y se den cuenta de su error, no hagas alboroto. No avergüences a tus hijos delante de amigos o familiares. No avergüences a un empleado delante de sus compañeros.

Si tienes que confrontar por algún motivo, hazlo en privado si es posible y toma recaudos por proteger su dignidad.

Oración de hoy para alcanzar lo mejor de ti

Padre, por favor haz que recuerde (o que crucen mi camino) a todas esas personas en cuyas vidas hoy puedo efectuar un depósito con sentido y significado. Y dame palabras benignas, de aliento, para que se las diga.

Pensamiento de hoy para alcanzar lo mejor de ti

Hoy tengo el privilegio de poder efectuar invalorables
depósitos en las vidas de otras personas.

Depósitos al azar

Pasaje para que alcances lo mejor de ti: Filipenses 2:1-4

Cada uno debe velar no sólo por sus propios intereses sino también por los intereses de los demás.

—FILIPENSES 2:4

No COMETAS EL ERROR DE VIVIR COMO EGOÍSTA, CORRIENDO todo el día pensando sólo en ti. Tómate tiempo para los demás. Haz que se sientan especiales. Aprende a apreciar a los demás. Cuando ves al cartero, llámalo y dile: "Gracias, aprecio su tarea". Cuando vas a la tienda, alienta a la cajera. Sé amable. Siembra una semilla en el banco, en la peluquería, en la estación de servicio. Efectúa un depósito positivo en las vidas de cada persona con quien te cruces.

"¿Para qué? Si no voy a formar una relación estable con ninguno de ellos", me dirás. Tal vez tengas razón, pero como parte de tu relación con Dios, puedes ser amable y apreciar a cada persona. La Biblia nos dice: "... anímense unos a otros cada día..." (ver Hebreos 3:13). Esto significa que cada día deberías encontrar a quién alentar. Solo un elogio puede marcar la diferencia en la vida de alguien. "Te ves bien hoy. Ese color te queda bien. Aprecio tu amistad. Significa mucho para mí".

. . . .

Como parte de tu relación con Dios puedes otorgar bondad
y aprecio a todas las personas con quien te cruces.

. . . .

Recuerdo que cuando vivía con mis padres y veíamos venir al cartero, papá sonreía y decía: "Bueno, mira quién viene. El mejor cartero del mundo". Y el rostro del cartero se iluminaba. Ese sencillo elogio iluminó el día de este hombre. No requería de ningún esfuerzo, ni tampoco mucho tiempo para mi padre. Se habituó a invertir en la gente, ayudándoles a sentirse bien con ellos mismos.

Tus palabras tienen el poder de darle a la vida de la gente un giro, la posibilidad de elevar a alguien por sobre la derrota y el desaliento, para que avancen hacia la victoria. Un depósito con potencial edificador, como el que mi padre hacía en la vida de ese cartero, no te lleva más de diez o quince segundos. Sin embargo, alguien en tu área de influencia puede estar necesitando justo algo así, solo quince minutos de inversión en la cuenta que tienen contigo.

Entiéndelo: todos necesitamos ánimo. No importa quiénes seamos o lo exitosos que podamos parecer. Muchas veces alguien viene y me dice: "Joel, realmente me ayudaste" o "Marcaste una gran diferencia en mi vida". Cada vez que escucho algo así, quien recibe ese ánimo soy yo. Algo dentro de mí que me hace saber que mi vida importa, que pude marcar una diferencia en este mundo. Toda la gente que conoces necesita ese tipo de aliento.

Esposo, nunca serán demasiadas las veces que le digas a tu esposa: "Eres hermosa. Creo que eres genial. Estoy tan feliz de estar casado contigo". Haz que tu cuenta emocional crezca.

Aprende a elogiar a la gente con toda libertad. Aprende a ser amable y evita todo lo que transmita una actitud de que eres tan importante que no puedes perder el tiempo en alguien que no está a tu nivel. Por el contrario, haz que todo el que se cruce contigo, sienta que es importante. Esfuérzate para que todos con quienes tengas contacto, se sientan especiales.

Después de todo, la gente con quien te cruzas está creada a imagen de Dios.

Oración de hoy para alcanzar lo mejor de ti

Padre, haz que recuerde que cuando invierto elogios mi provisión no disminuye sino que aumenta. Ayúdame a ser más intencional cada vez que aliento a alguien, en tu nombre y para tu gloria.

Pensamiento de hoy para alcanzar lo mejor de ti

*Una de las partes más importantes del designio de Dios
para mí es que invierta en la vida de mi prójimo.*

Bendice a alguien

Pasaje para que alcances lo mejor de ti: Salmo 67:1-7

Dios nos tenga compasión y nos bendiga; Dios haga resplandecer su rostro sobre nosotros.

—SALMO 67:1

¿QUIERES MÁS DE LA VIDA? ¿Y QUIÉN NO? BUENO, INTENta lo siguiente: Levántate por la mañana y en lugar de buscar bendición, haz todo lo que puedas por bendecir a otros. Si lo haces durante seis semanas, intentando bendecir a alguien todos los días, tu vida se verá tan llena de bendiciones que no podrás contenerlas a todas.

Descubrí que si satisfago las necesidades de los demás, Dios me recompensa. Si hago feliz a otros, Dios se asegurará de que sea feliz. Todos los días tenemos que buscar oportunidades para ser buenos con los demás. Quizá puedas comprarle el almuerzo a alguien, llevarlo en tu auto, cuidar los hijos de alguien, dar más propina de la habitual. Adopta el hábito de hacer algo bueno por alguien todos los días. No cometas el error de vivir de manera egoísta, pensando sólo en ti. Esa es una de las peores prisiones donde vivir.

No fuimos creados para vivir en egoísmo, pensando solamente en nosotros mismos. Fuimos creados por el Dios todopoderoso para dar, y la mejor forma de sentirnos plenos es dejar de pensar en nosotros mismos para pensar en los demás.

....

Si satisfago las necesidades de los demás, Dios me recompensará.

....

Levántate por las mañanas con la siguiente actitud: "¿Para quién puedo ser de bendición el día de hoy? ¿A quién puedo alentar? ¿Dónde hay una necesidad que yo pueda satisfacer?".

No creo que hoy veamos muchas buenas obras. Sí, escuchamos mucho acerca del éxito y sobre las cosas buenas que Dios quiere hacer con nosotros, pero no olvidemos que somos bendecidos, para poder ser de bendición a los demás. Somos bendecidos para que podamos compartir la bondad de Dios, dondequiera que estemos. Si quieres tener un impacto positivo en la vida de alguien no hace falta que prediques un sermón. Basta con ser bueno con ellos. Tus acciones hablarán más que tus palabras. Podrás decir: "Te amo. Me importas.", pero es con acciones que demostramos el verdadero amor.

Si te amo me esforzaré por ayudarte. Si te amo te llevaré en mi auto al trabajo o a la escuela, aun si tengo que levantarme más temprano ese día para hacerlo. Si te amo cuidaré a tus niños cuando sé que no te sientes bien. El amor sincero convierte las palabras y sentimientos en acción.

Oración de hoy para alcanzar lo mejor de ti

Padre, estoy impaciente por conocer a las personas que pondrás
hoy en mi vida, para poder bendecirlas con gozo, lo sepan o no.

Pensamiento de hoy para alcanzar lo mejor de ti

¿Para quién puedo ser de bendición hoy?

Tómate el tiempo para hacer el bien

Pasaje para que alcances lo mejor de ti: Marcos 10:13-16

Cuando Jesús se dio cuenta, se indignó y les dijo: "Dejen que los niños vengan a mí, y no se lo impidan, porque el reino de Dios es de quienes son como ellos".

—MARCOS 10:14

La Biblia dice que en los últimos tiempos el amor de muchos se enfriará (ver 2 Timoteo 3.1-5). Esto significa: que la gente estará demasiado ocupada, pensando en sus propias necesidades, tan inmersos en su puja por el éxito que no se tomarán el tiempo para marcar una diferencia.

No permitas que esta descripción refleje lo que eres. Alrededor de ti hay gente que sufre, gente que necesita tu amor, que necesita tu aliento. No te pierdas el milagro del momento. Alguien en tu vida necesita de tu tiempo y energía ahora mismo ¿Estás prestando atención?

Puede ser que un compañero de trabajo esté a punto de renunciar. Que necesite desesperadamente de tu aliento. Necesita que le invites a almorzar y le digas que te importa. No estés demasiado ocupado. No seas insensible a las necesidades que te rodean. Disponte a molestarte.

Cuando estudias la vida de Jesús, notas que Él siempre tuvo tiempo para los demás. Sí estaba ocupado y tenía lugares donde quería ir, pero siempre estaba dispuesto a cambiar sus planes para hacer algo bueno por alguien más. Al andar por las aldeas la gente lo llamaba: "Jesús, ven y ora por nosotros". Deteniéndose se salía de su itinerario para sanar a esta gente. Una vez se acercaron y le dijeron: "Jesús, por favor ven a nuestra ciudad. Nuestro pariente está muy enfermo. Tienes que orar por él". Jesús cambió sus planes y fue con ellos.

Cuando trataban de llevarle los niños a Jesús los discípulos dijeron: "No lo molesten. Está ocupado. Es una persona muy importante". Jesús dijo entonces: "Dejad que los niños vengan a Mí".

A veces es fácil enredarse en nuestro pequeño mundo si solo nos concentramos en nosotros. "Tengo planes. No desarmes mi agenda". ¡No! Tómate tiempo para los demás. No pierdas oportunidad de hacer el bien. Marca la diferencia en la vida de alguien.

No hace falta que sea algo grande. Muchas veces, un pequeño gesto de amor y amabilidad marcará una gran diferencia. En nuestra iglesia hay un grupo de mujeres que hace mantas, y luego bordan en ellas versículos de Las Escrituras para llevarlas a los pacientes de cáncer al hospital Anderson, de Houston.

Las mantas hechas a mano les recuerdan a hombres y mujeres que luchan contra el cáncer y que hay alguien que siente interés por ellos. La expresión de amor les da un rayo de esperanza. Esas mujeres usan sus talentos para hacer algo bueno por los demás.

. . . .

No te pierdas el milagro del momento.

. . . .

Es posible que no tengas dinero de sobra, pero también es probable que puedas hacer una manta o preparar un pastel. Puedes ser mentor o mentora de un joven. Puedes visitar los hogares de ancianos. Puedes participar en la misión de las cárceles y alentar a los presos a confiar en Dios. Haz algo bueno por alguien.

O.A "Bum" Phillips el legendario entrenador de fútbol de la NFL, se retiró hace años. Pero en realidad, no está retirado. Siempre que puede va a las prisiones para alentar a los presos y darles esperanza. De eso se rata la vida, de hacer algo bueno por los demás.

John Bunyan, autor del clásico *Progreso del Peregrino* dijo: "No viviste el día de hoy hasta hacer algo bueno por alguien de quien estás seguro que no podrá devolverte el favor".

Oración de hoy para alcanzar lo mejor de ti

Gracias, Padre, por el ejemplo de Jesús, como quien se tomaba el tiempo para ocuparse de los demás. Quiero que su modelo guíe mi vida.

Pensamiento de hoy para alcanzar lo mejor de ti

Cuando doy, es como mejor puedo imitar a Dios.

Cuarta parte

MEJORES HÁBITOS EN TU VIDA

Fomenta los buenos hábitos

Pasaje para que alcances lo mejor de ti: 1 Corintios 10:23-11:1

Que nadie busque sus propios intereses sino los del prójimo.
—1 CORINTIOS 10:24

PARA QUE SALGA LO MEJOR DE TI, TENDRÁS QUE HACER UN inventario de tus hábitos. ¿Tiendes a la negatividad en tus pensamientos y conversaciones? ¿Llegas siempre tarde al trabajo? ¿Vives preocupándote por todo? ¿Comes demasiado? ¿Sucumbes a las adicciones?

Entiéndelo, tu hábito quizá no sea ilegal, contrario a la ética o a la moral. Puede ser una acción o actitud que parezca inocua, algo pequeño, pero si no haces algo al respecto y sigues año tras año, estarás malgastando tiempo y energía, sin producir ni dar fruto de ganancia. Y eso no es lo mejor que Dios tiene para ti.

La buena noticia es que sí puedes cambiar. Puedes adoptar hábitos mejores. La mayoría de los estudios de la conducta indican que se puede romper con un hábito en tan solo seis semanas. Hay estudios que indican que puede lograrse en solo veintiún días. Piensa en eso. Si te disciplinas durante más o menos un mes y te dispones a someterte al dolor del cambio, podrás librarte de una conducta negativa y formar un hábito saludable, alcanzando un nuevo nivel de libertad personal.

El apóstol Pablo dijo: "Todas las cosas me son lícitas, mas no todas convienen; todas las cosas me son lícitas, mas yo no me dejaré dominar de ninguna". Observa que Pablo está diciendo en efecto: "Me libraré de todo lo que no me sea conveniente o productivo en mi vida". Estaba diciendo: "No permitiré que me controlen los hábitos malos".

El hecho es, que la gente exitosa desarrolla mejores hábitos. Por eso, los jugadores de golf, que son profesionales, practican casi todos los días. Hay profesionales que tiran hasta quinientas o mil bolas en un día, aunque no estén compitiendo en un torneo. Se esfuerzan durante horas practicando su "swing" hasta que lo hacen sin pensar en ello. Cuando están en un torneo están bajo intensa presión y sus cuerpos hacen los movimientos correctos casi de manera automática. ¡No te extrañes que sean tan exitosos! Es que formaron hábitos que conducen al éxito.

Si tienes el mal hábito de nunca llegar a tiempo al trabajo, cámbialo. La gente que avanza en la vida es puntual. Levántate quince minutos más temprano los días que vayas a trabajar, a la escuela o a una reunión. Planifica tu itinerario dejando un margen de tiempo para llegar a horario. Establece una nueva rutina de puntualidad. No te permitas la impuntualidad, cuando es tan fácil ser puntuales.

. . . .

La gente que avanza en la vida es puntual.

. . . .

Si tienes el hábito de la comida chatarra y beber varias gaseosas al día, asume el compromiso de cambiar tus hábitos. No te mates de hambre, sólo cambia una pequeña cosa a la vez. No pasará mucho tiempo antes de que veas una gran diferencia en tu nivel de energía y también en tu aspecto personal.

Oración de hoy para alcanzar lo mejor de ti

Padre, guíame mientras estudio mi rutina diaria, para que pueda identificar mis malos hábitos. Con tu ayuda, quiero reemplazar al menos uno de ellos, por un hábito positivo y edificante.

Pensamiento de hoy para alcanzar lo mejor de ti

¡Puedo fomentar mis propios buenos hábitos!

Los hábitos y el carácter

Pasaje para que alcances lo mejor de ti: Gálatas 5:16-25

Si el Espíritu nos da vida, andemos guiados por el Espíritu.
—GÁLATAS 5:25

NUESTROS HÁBITOS SE CONVIERTEN EN ASPECTOS DE NUES-tro carácter. Si te permites ser desorganizada y siempre llegas tarde, esto se convertirá en parte de lo que eres. Si te acostumbraste a los berrinches y enojos, cada vez que las cosas no salen a tu manera, desafortunadamente estos hábitos pasarán a ser parte de ti. El primer paso está en identificar qué es lo que te impide cambiar. Identifica los malos hábitos y luego decide hacer algo al respecto.

¿Y cómo cambiamos un hábito? Es sencillo: dejamos de alimentarlo. Lo que alimentes, crecerá. Tienes que matar de hambre al mal hábito para poder someterlo, al tiempo empiezas a nutrir los hábitos buenos.

Alguien dijo una vez: "Los malos hábitos se adoptan con toda facilidad, pero luego resulta difícil convivir con ellos". Es decir, que es fácil ser maleducado y estallar, diciendo lo primero que se te ocurre y siendo sarcástico e hiriente. Es fácil. Pero es difícil vivir en un hogar lleno de tensión y pelea. Es fácil gastar demasiado, cargando todo en la tarjeta de crédito. Pero es difícil vivir sin poder pagar todas las cuentas, porque no tenemos dinero suficiente. Es fácil sucumbir a la tentación y hacer lo que se nos da la gana. Pero es difícil vivir con ataduras, sintiéndonos condenados y culpables.

Piensa en quien tiene una adicción química. Es fácil quedar enganchado. Hasta puede parecer excitante y divertido al principio. Pero más temprano que tarde, la persona queda bajo el control de la adicción y se convierte en esclavo de su hábito. Los malos hábitos son fáciles de adoptar, pero difíciles compañeros de la vida.

Por otra parte, los buenos hábitos no son tan fáciles de aprender. Es resultado del deseo de esforzarse y sacrificarse, hasta la voluntad de someterse al sufrimiento. Sin embargo, es fácil convivir con el buen hábito. Por ejemplo, al principio cuesta frenar la lengua y dejar pasar una ofensa si alguien te critica o insulta. Siempre es difícil aprender a perdonar. Pero siempre es fácil vivir en un hogar lleno de paz y armonía.

Si estás dispuesto a pasar por la incomodidad, durante poco tiempo podrás avanzar y dejar atrás el dolor inicial del cambio; a la larga, tu vida será mucho mejor. El dolor nunca dura para siempre. De hecho, cuando desarrollas el nuevo hábito el dolor suele desaparecer.

Victoria sabe que no discutiré con ella. No permitimos que la pelea y el conflicto entren en nuestro hogar. En nuestro matrimonio, no me resulta difícil dejar pasar las cosas o perdonar una ofensa, sencillamente porque me entrené para buscar la paz. Me entrené para disculparme aun si no tengo la culpa, lo cual sucede cada vez que estamos en desacuerdo.

. . . .

Es más fácil convivir con los buenos hábitos.

. . . .

Sin embargo, en nuestros primeros años de matrimonio no era esa mi respuesta. Era costumbre defender siempre mi argumento y decirle a ella cómo creía que debían ser las cosas. Un día, sin embargo, me di cuenta de lo siguiente: "¡Dios no quiere que viva de esta manera!". No es esto lo mejor que Dios tiene para mí. Y dentro de mí escuché la vocecita que decía: "Joel, déjalo pasar. Puedes hacerlo mejor. No vivas rebajando tu vida".

Reconocí que tenía que decidir: ¿Querría mostrar que tenía razón? ¿O querría paz en mi hogar? Empecé a cambiar, renunciando a mi derecho a pelear. Las cosas se hicieron más y más fáciles. Hoy no me cuesta nada buscar la paz, porque forma parte de mi carácter. Lo hago de manera natural. Podría, en realidad, seguir hundiéndome allí donde estaba en los primeros años de casados, discutiendo, protestando, queriendo siempre tener la última palabra.

Pero agradezco el adoptar hábitos mejores. Pasé por el dolor del cambio y puedo decir que bien valió la pena. Claro que tengo otras áreas en las que necesito mejorar, una o dos, tal vez.

Si estás dispuesto a pasar por el dolor inicial, te lleve una semana, un mes o un año, verás que el dolor desaparece y disfrutarás mucho más de tu vida. Además, estarás viviendo en un nivel mucho más elevado.

Oración de hoy para alcanzar lo mejor de ti

Padre, me dispongo a disfrutar de los buenos hábitos. Gracias por
darme la libertad de elegir una vida mejor. ¡Es un gran regalo!

Pensamiento de hoy para alcanzar lo mejor de ti

Persistiré más allá del dolor que produce el
cambio, para formar mejores hábitos.

Hora de cambiar

Pasaje para que alcances lo mejor de ti: 1 Corintios 10:12-13

Ustedes no han sufrido ninguna tentación que no sea común al género humano. Pero Dios es fiel, y no permitirá que ustedes sean tentados más allá de lo que puedan aguantar. Más bien, cuando llegue la tentación, él les dará también una salida a fin de que puedan resistir.

—1 Corintios 10:13

A SÍ COMO PARA ALGUNOS ES DIFÍCIL COMER BIEN, PARA OTROS el manejo y la administración del tiempo son casi imposibles. No viven de manera equilibrada y por lo tanto se estresan, corriendo de un lado al otro. Además, desarrollan el hábito de trabajar demasiado, sin poder relajarse ni hacer ejercicio. No tienen tiempo libre porque no se lo permiten, a menos que cambien y logren equilibrar sus vidas. Un día todo eso se cobrará su precio. Puedes vivir estresado durante un tiempo, en especial si eres joven. Pero no te sorprendas cuando tu cuerpo sufra las consecuencias.

Es mucho mejor desarrollar buenos hábitos desde ahora. Analiza tu forma de vivir y pregúntate: "¿Por qué hago lo que hago? ¿Es algo que mi familia me legó? ¿Es un buen hábito? ¿Me está ayudando a ser mejor?". Si descubres que hay hábitos que no son productivos o convenientes, atrévete a cambiar, reemplazándolos. Asegúrate de no permitir que nadie excepto Dios controle tu vida.

Siempre tendrás excusas para racionalizar el por qué no necesitas cambiar. Encontrarás una razón para dejar de esforzarte, dar la vuelta y volver a lo que hacías antes. No te sorprendas cuando estés a prueba. Recuerda lo que dicen las Escrituras: "*Ustedes no han sufrido ninguna tentación que no sea común al género humano. Pero Dios es fiel, y no permitirá que ustedes sean tentados más allá de lo que puedan aguantar. Más bien, cuando llegue la tentación, él les dará también una salida a fin de que puedan resistir"* (ver 1 Corintios 10:13). No importa lo intenso que sea la presión o lo difícil que parezca, necesitas saber que lo soportarás. Dios te ayudará. Te dará una salida, pero serás quien deba aceptarla.

··

No se trata tanto de romper con los malos hábitos, sino de reemplazarlos.

··

Si ves el área donde no respondes de manera positiva, no busques excusas. Asume la responsabilidad y di: "Reconozco lo que está sucediendo y decido cambiar. Voy a formar mejores hábitos". En realidad, no se trata de romper con los malos hábitos, sino de reemplazarlos. Es decir, que si tu problema son las preocupaciones y tu mente siempre corre a doscientos kilómetros por hora, preocupándote por tus hijos, tus finanzas, tu salud o lo que sea, tienes que reconocer que la preocupación es un mal hábito que adoptaste.

Es difícil preocuparse y confiar en Dios al mismo tiempo. Dios quiere que tu mente esté en paz. Puedes reposar, sabiendo que te lleva en la palma de Su mano. Pero si durante mucho tiempo viviste con preocupaciones, es casi automático que te preocupes porque ni siquiera piensas en ello. Sólo te levantas por la mañana y comienzas a preocuparte por lo que traerá ese día.

En muchos casos no puedes sencillamente decidir que no te vas a preocupar. Tienes que reemplazar los pensamientos negativos por otros, positivos y llenos de fe. Entonces, cada vez que sientas la tentación de preocuparte, utilízala como recordatorio de que debes habitar en las cosas buenas. Las Escrituras nos dicen: *"todo lo que es verdadero, todo lo honesto, todo lo justo, todo lo puro, todo lo amable, todo lo que es de buen nombre, en esto pensad"* (ver Filipenses 4:8).

Si reemplazas los pensamientos de preocupación, por pensamientos de esperanza, fe y victoria, estarás reentrenando tu mente. Hazlo día a día y pronto transformaras el hábito de estar en lo bueno, dejando atrás tu viejo hábito de preocupación.

Oración de hoy para alcanzar lo mejor de ti

Padre, gracias porque me alientas para que pueda reemplazar
mis hábitos. Me das esperanza y veo que tendré que centrar la
atención en los buenos hábitos que quieres que forme en lugar de
distraerme con los viejos malos hábitos. Quiero vivir para Ti.

Pensamiento de hoy para alcanzar lo mejor de ti

Cuando reemplazo un mal hábito puedo recordarlo sin repetirlo.

Líbrate de los malos hábitos

Pasaje para que alcances lo mejor de ti: Mateo 26:36-41

Estén alerta y oren para que no caigan en tentación. El espíritu está dispuesto, pero el cuerpo es débil.

—MATEO 26:41

EL PRIMER PASO PARA VENCER UN HÁBITO O ADICCIÓN, CON-
siste en identificar qué es lo que te impide hacerlo. Pero no te
detengas allí. Toma la decisión de hacer algo al respecto. Actúa. No te
avergüences de pedir ayuda. La gente lucha con adicciones químicas,
adicciones sexuales y todo tipo de aflicciones. Puede tratarse de la
adicción a la ira, porque no puedes controlar tu carácter. Entiéndelo:
¡puedes cambiar! La libertad está a tu alcance. No creas esa mentira
de que estás atascado y que no mejorarás. Dios preparó un camino
hacia el éxito para ti.

Pero tienes que hacer lo tuyo y estar dispuesto a transitar ese camino. La próxima vez que llegue la tentación, lo primero que debes hacer
es orar. Haz que Dios participe de tu situación. No podemos derrotar
a los malos hábitos sin ayuda de Dios. Pídele que te ayude. Cuando
sientas que tus emociones se salen de cauce y no puedes controlarlas,
cuando quieres gritarle a alguien, ora en ese mismo momento, en voz
baja: "Dios, te pido que me ayudes. Dame la gracia de cerrar la boca y
el coraje para apartarme de esto".

Las Escrituras nos dicen: *"Estén alerta y oren para que no caigan en
tentación"* (ver Mateo 26:41). No dice: "Oren y nunca caerán en la tentación". La tentación es algo que todos enfrentaremos. Dios nos dice:
"Cuando llegue la tentación, pídeme ayuda". En cualquier área en la
que estés intentando cambiar, aun en las cosas más pequeñas, pide su
ayuda: "Dios, voy a pasar por la cocina,huelo las galletas de chocolate,

así que te pido que me ayudes a resistir la tentación de romper mi dieta". "Padre, todos mis amigos salen de fiesta y dentro de mí sé que no está bien. Dios, te ruego que me ayudes a tomar la mejor decisión. Ayúdame a permanecer en tu mejor plan".

. . . .

Involucra a Dios en tu situación.

. . . .

"Joel, eso es difícil. Es difícil no salir con mis amigos. Es difícil no usar las tarjetas de crédito. Es difícil no decir lo que pienso".

Sí, todo eso es difícil. Pero más difícil todavía es vivir con ataduras y vivir sintiéndote mal contigo, porque sabes que vives por debajo de tu potencial. No hay nada peor que vivir todo el día con cosas pequeñas que te impiden avanzar y que sabes muy bien que puedes vencer.

Es posible que tu dificultad sea una adicción, tu carácter o tu impaciencia. Tal vez vivas en la mediocridad porque permites que una pequeñez te controle. Quiero decirte lo que sabes: "Eres mejor que eso. Eres hijo o hija de Dios todopoderoso".

Su sangre real fluye por tus venas. No te quedes ahí, conformándote con el lugar en que estás. No hay obstáculo insalvable, ni grande, ni pequeño. No importa si se trata de un espíritu crítico o de la cocaína. El poder de Dios que está en ti es mayor que el poder de lo que intenta detener tu progreso. Pelea la buena pelea de la fe. No permitas que nada ni nadie sobre la tierra te dominen. Tu actitud debe ser la siguiente: "¡Basta! No me quedaré donde estoy. Voy a ir más alto. Sé que puedo más que esto".

Busca el poder de Dios que hay en ti y deja de decir: "No puedo romper este hábito". En cambio, comienza y declara cada día: "Soy libre. Todo lo puedo en Cristo. No hay arma forjada en mi contra que pueda prosperar". Recuerda que Jesús dijo: "Aquel a quien el Hijo libera es libre de verdad". Ahora, declara esto sobre tu propia vida.

Oración de hoy para alcanzar lo mejor de ti

Padre, soy verdaderamente libre gracia a Cristo. Y por Él, no

hay arma forjada en mi contra que pueda prosperar. En la
fuerza de Cristo puedo abandonar los malos hábitos.

Pensamiento de hoy para alcanzar lo mejor de ti

Pelearé la buena batalla de la fe.

La felicidad como hábito

Pasaje para que alcances lo mejor de ti: 1 Tesalonicenses 5:12-22

Estén siempre alegres.

—1 TESALONICENSES 5:16

MUCHA GENTE VIVE SIN DARSE CUENTA DE QUE GRAN PARTE de nuestra perspectiva sobre la vida, nuestras actitudes y nuestra disposición, son conductas aprendidas. Son hábitos que formamos con repetición a lo largo de los años. Si pasamos años concentrándonos en lo malo y no en lo bueno, estos patrones negativos impedirán que disfrutemos de nuestras vidas.

Adquirimos muchos hábitos imitando a nuestros padres o a quienes están con nosotros mientras crecemos. Hay estudios que indican que los padres negativos crían hijos negativos. Si tus padres se concentraban más en lo malo, vivían estresados, molestos o desalentados, es posible que formaras en tu mente la misma idea.

Hay gente que me dice: "Es que, Joel, soy de los que se preocupan por todo. Siempre estoy tenso. No soy del tipo amable o agradable".

Por favor, entiende que son hábitos que formaste. Y la buena noticia es que puedes reprogramar tu "computadora". Puedes librarte de la mentalidad negativa y desarrollar hábitos de felicidad.

La Biblia dice:*"Estén siempre alegres"*. Otra versión dice: *"Alégrense en el Señor siempre"* (ver 1 Tesalonicenses 5:16). Esto significa que no importa lo que suceda, podemos sonreír en todo momento. Debemos levantarnos cada mañana sintiendo entusiasmo por el nuevo día. Aunque pasemos por circunstancias difíciles o negativas, tenemos que mantener la perspectiva positiva. Muchas personas esperan que se solucionen sus circunstancias, para luego decidir ser felices:

"Joel, cuando tenga un empleo mejor. Cuando mi hijo enderece su camino. Cuando mejore mi salud".

Aquí, el tema es que si quieres ser feliz, tienes que decidirlo hoy mismo. La felicidad no depende de tus circunstancias. Depende de tu voluntad. Es una decisión que tomas. Vi gente que pasó por las situaciones más dolorosas y desafortunadas, pero en el momento, no pensarías que tuviese un problema. Sonreían y hablaban palabras buenas. A pesar de sus terribles dilemas se mantenían positivos, enérgicos y con dinamismo.

· ·

La felicidad no depende de tus circunstancias. Es una decisión que tomas.

· ·

En tanto, otros en las mismas circunstancias y a veces en situaciones no tan graves, insisten en llorar su desesperanza, deprimidos, desalentados, preocupados. ¿Dónde está la diferencia?

Está en la forma en que entrenaron sus mentes. Una persona desarrolló el hábito de la felicidad. Está llena de esperanza, de confianza, esperando lo mejor. La otra entrenó su mente para ver lo negativo y vive preocupada, frustrada, quejándose siempre.

Si quieres formar el hábito de la felicidad, debes aprender a relajarte, a dejarte llevar por la corriente en lugar de vivir en frustración. Debes creer que Dios está al mando y esto significa que no tienes por qué estresarte o preocuparte. Además, tienes que agradecer lo que tienes en lugar de quejarte por lo que no tienes. Básicamente, el hábito de la felicidad depende de que permanezcamos del lado positivo de la vida.

Cada día trae sus propias sorpresas e inconvenientes, tienes que aceptar el hecho de que no todo saldrá siempre como quieres. Tus planes no siempre funcionarán tal como lo planeaste. Cuando esto suceda, toma la decisión de que no permitirás que las circunstancias te alteren. No permitas que el estrés te robe el gozo. En cambio, adáptate, buscando lo mejor en cada situación adversa.

Una de las mejores cosas que aprendí, es que no hace falta salirme con la mía para ser feliz. Es que decidí disfrutar de cada día, salgan las cosas como quiera o no.

Nuestra actitud debería ser: "Voy a disfrutar de este día aunque reviente un neumático camino a casa. Voy a disfrutar del día por más que llueva a la hora del juego. Voy a ser feliz en la vida, aunque no me den el ascenso que espero".

Cuando mantienes esta actitud, las cosas menores que te irritaban o estresaban, no serán fuente de frustración. No tienes por qué vivir en tensión. Entiéndelo, no puedes controlar a la gente, ni cambiar a las personas. Solo Dios puede hacerlo. Si alguien quiere perturbarte, déjale el asunto a Dios. Deja de permitir que la idiosincrasia o los caprichos de otra persona te molesten.

Oración de hoy para alcanzar lo mejor de ti

Padre, sé que puedo expresar mi fe decidiendo estar alegre. Como estás al mando de lo que sucede en mi vida y siempre obras para mi bien, decido poner en práctica la felicidad hoy mismo.

Pensamiento de hoy para alcanzar lo mejor de ti

Dentro de diez años ni siquiera recordaré muchas de las cosas que hoy me producen ansiedad y estrés.

Dirige tu atención

Pasaje para que alcances lo mejor de ti: Filipenses 3:12-14

Hermanos, no pienso que yo mismo lo haya logrado ya. Más bien, una cosa hago: olvidando lo que queda atrás y esforzándome por alcanzar lo que está delante, sigo avanzando hacia la meta para ganar el premio que Dios ofrece mediante su llamamiento celestial en Cristo Jesús.

—FILIPENSES 3:13-14

Es incuestionable, que lo que entra en tu mente y corazón, también será lo que salga. Claro que tus circunstancias pueden ser negativas. Quizá no tengas todo lo que tienen otros, como el puesto que tiene tu vecino, por ejemplo. En lugar de poner automáticamente el sello de "negativo" antes de almacenar la información, cambia tu actitud. Recuérdate: "Sé que Dios tiene reservado algo mejor para mí. Sé que cuando se cierra una puerta Dios puede abrir otra". Al hacerlo, tomarás la situación negativa y la darás vuelta, para imprimirle el sello de lo positivo.

Puedes hacerlo aún en los momentos más difíciles. Quizá perdiste a un ser querido. Y sé que eso duele, pero nuestra actitud tiene que ser: "Sé dónde está. Está en un lugar mejor, un lugar de gozo y de paz". Al hacerlo, sellamos la experiencia como "positiva".

Presta atención con lo que te alimentas. ¿Estás almacenando más cosas positivas o negativas? No puedes sellar mentalmente todo como negativo y esperar que tu vida sea positiva y feliz. Por ejemplo: "Quedé atascado en el tráfico la semana pasada y no llegué a una reunión importante".

¡No! Dalo vuelta y declara: "Padre, gracias porque me pones en el lugar justo en el momento justo. No me voy a deprimir. Creo que diriges mis pasos y que darás vuelta la situación de la reunión a la que falté, para mi bien".

Cuando lo haces, cambias lo negativo por lo positivo y durante el proceso, al acostumbrarte a este tipo de mentalidad, descubrirás que formas el hábito de la felicidad.

Nuestro cerebro posee una fascinante función conocida como "sistema activador reticular". Es una función que la mente usa para eliminar los pensamientos e impulsos que considera innecesarios. Por ejemplo, hace años mi hermana vivía en una casa junto a las vías del ferrocarril. Dos o tres veces cada noche, el tren pasaba y sonaba su silbato justo al lado de su ventana. El tren hacía temblar la casa. Cuando se mudó, Lisa despertaba cada vez que pasaba el tren, aunque estuviera profundamente dormida. Pero después de unas semanas, sucedió algo asombroso. Aunque pasaran los trenes Lisa casi ni lo escuchaba. Dormía tranquila durante toda la noche.

. . . .

No puedes sellar mentalmente todo como negativo
y esperar que tu vida sea positiva y feliz.

. . . .

Una vez fui de visita y me quedé a dormir. Cuando pasó el tren, pegué un salto en la cama. Parecía que llegaba el fin del mundo. A la mañana siguiente le pregunté: "Lisa, ¿cómo puedes dormir con ese tren que pasa todas las noches?".

"¿Qué tren?" preguntó. Su sistema activador reticular procesó el sonido del tren y le permitía dormir por las noches.

De manera similar podemos entrenar a la mente en lo positivo, para que las cosas negativas no nos afecten. Cuando llega el sentimiento del miedo, aprende a sacarlo de sintonía, como lo hacía Lisa. O si esa idea deprimente de "hoy será un mal día" amenaza con resonar en tu mente ¡elimínala! Si lo haces, en poco tiempo el sistema activador reticular de tu mente dirá: "No necesitas esta información. No prestes atención. Ni siquiera dispares la sensación de miedo o preocupación".

Por cierto, lo presento de manera muy simplificada, pero así como Lisa pudo eliminar de su sistema el ruido del tren, creo que todos podemos hacer lo mismo con los mensajes negativos. Podemos sintonizar mensajes de gozo, paz, fe, esperanza y victoria, si aprendemos a dar vuelta lo negativo e imprimimos el sello de lo positivo en todo.

"Es que a mis hijos no les va bien. Se desviaron. Me preocupo tanto por ellos". Da vuelta esa idea: 'Padre, gracias porque mis hijos están bendecidos y toman buenas decisiones. Declaro que La Palabra dice: "Yo y mi casa serviremos al Señor"'.

"Es que, Joel, mis problemas son económicos. La gasolina cuesta tanto. Mi negocio no va bien. No sé cómo lo lograré". Cambia la sintonía y empieza a decir: "Dios provee y satisface todas mis necesidades. Todo lo que toco prospera y tiene éxito. Soy bendecido. No podré ser maldecido jamás".

Entrena tu mente para ver lo bueno. Líbrate de las respuestas condicionadas negativas. Aunque todos los demás se quejen, podrás encontrar algo bueno en toda situación. Si haces lo que dice La Biblia, podrás de hecho, ser feliz en todo momento.

Oración de hoy para alcanzar lo mejor de ti

Gracias, Padre, por el don del sistema activador reticular. Me recuerda que siempre haces que sea posible vivir como quieres.

Pensamiento de hoy para alcanzar lo mejor de ti

Tengo la capacidad de cambiar cualquier etiqueta negativa por una positiva.

Cómo manejar las críticas

Pasaje para que alcances lo mejor de ti: Génesis 50:14-21

Es verdad que ustedes pensaron hacerme mal, pero Dios transfor-
mó ese mal en bien para lograr lo que hoy estamos viendo: salvar
la vida de mucha gente.

—GÉNESIS 50:20

TODOS PASAREMOS POR ESE MOMENTO ALGUNA VEZ. EL momento en que nos critican, a veces con justicia pero muy a menudo, injustamente. Esto crea tensión en nuestros corazones y mentes y
afecta nuestras relaciones. Alguien en tu trabajo o en tu círculo social
dice algo negativo de ti o te culpa por algo, intentando hacer que quedes mal, exagerando alguna pequeñez. Por lo general, los que critican
no tienen intención de ayudarte: sencillamente intentan hundirte.

Por cierto, la crítica constructiva puede ser útil. La perspectiva de
alguien que tiene buenas intenciones para ti puede echar luz sobre un
área en la que puedas mejorar. Pero es triste que la mayoría de las veces
la crítica no tenga como fin la edificación, sino todo lo contrario. Si
no se entrega con espíritu de bendición, se la presenta como aguijón
intencional. La crítica que más duele es la injusta e inmerecida. Esta
crítica es más un reflejo de quien critica, que de la persona criticada.

. . . .

Hay una clave sencilla para enfrentar la crítica:
nunca lo tomes como algo personal.

. . . .

Nota que la crítica gratuita, casi siempre se basa en los celos. Proviene de un espíritu competitivo. Tienes algo que otro quiere. En lugar de alegrarse por ti y mantener una buena actitud,sabiendo que
Dios puede hacer algo parecido para todo quien confíe en Él, los celos

surgen en el espíritu de la persona crítica, que intenta cubrir su propia inseguridad siendo cínica, cáustica o amarga hacia los demás.

Cuando más éxito tengas, más te criticarán. Si te dan aquel ascenso en la oficina, no te sorprendas de que los críticos aparezcan por doquier. "Bueno, no tiene talento". dirán algunos. "Solo es manipuladora y se congracia con el jefe".

Tus amigos quizá se sientan bien mientras estés soltera. Pero apenas te cases, no te sorprendas si dicen: "No puedo creer que él, se casó con ella. Si ni siquiera tiene personalidad". Lamentablemente, no todos celebrarán las victorias contigo. Todas tus amigas solteras no saltarán de alegría cuando te cases con el hombre de tus sueños. Tus compañeros probablemente no canten, ni te elogien o alaben tu talento cuando te asciendan. Para algunas personas, tu éxito evoca celos y crítica en lugar de aprecios y felicitaciones.

Hay una clave sencilla para enfrentar la crítica: nunca lo tomes como algo personal. Muchas veces, ni siquiera se trata de ti, aunque la crítica va dirigida a ti. Si el que te critica no estuviera destrozándote, se dedicaría a patear el tablero de alguien más. A menos que logre corregir su actitud, esto le impedirá vivir a un nivel más alto.

Una de las cosas más importantes que aprendí fue a celebrar la victoria ajena. Si tu compañero recibe el ascenso que esperaba, claro que tendrás la tendencia a sentir celos: "¿Por qué no a mí? Yo trabajo duro. No es justo".

· ·

Celebra las victorias ajenas.

· ·

Sin embargo, si mantenemos la actitud correcta y nos alegramos por el éxito ajeno, en el momento adecuado. Dios abrirá algo todavía mejor para nosotros. Descubrí que si no puedo regocijarme con los demás, no llegaré al lugar donde quiero estar. Muchas veces Dios nos tiene reservado algo bueno, pero antes nos envía una prueba para ver si estamos listos. O cuando se casa nuestro mejor amigo y nosotros seguimos sin casarnos, ¿podemos sentir alegría por ellos? Cuando nuestros parientes logran mudarse a la casa de sus sueños y nosotros oramos durante años para comprar una casa y no pagar la renta de ese apartamento pequeño, esa es una prueba. Si sientes celos y criticas al otro, tu actitud te dejará atrapado allí donde estés. Aprende a celebrar las victorias ajenas. Que el éxito de los demás te inspire. Debes saber que si Dios hizo algo maravilloso por ellos, también puede hacerlo por ti.

Oración de hoy para alcanzar lo mejor de ti

Padre, por favor, hoy bendice a quienes me critican. Ayúdame a reconocer la verdad que estuvieran comunicando y a rechazar todo lo que no tenga que ver Contigo.

Pensamiento de hoy para alcanzar lo mejor de ti

Decido que no me tomaré las críticas como algo personal.

Cómo manejar a quienes
te tiran piedras

Pasaje para que alcances lo mejor de ti: Mateo 10:5-15

Si alguno no los recibe bien ni escucha sus palabras, al salir de esa casa o de ese pueblo, sacúdanse el polvo de los pies.

—MATEO 10:14

SI QUIERES SER MEJOR, TIENES QUE SABER CÓMO ENFRENTAR A los críticos, quienes hablan mal de ti y te juzgan o te acusan falsamente. En los tiempos del Antiguo Testamento, estas personas eran conocidas como "taponadores". Cuando el enemigo atacaba una ciudad, su prioridad era quitar las piedras de la muralla que la protegía, para luego usar estas piedras como barreras en los cursos de agua. Eventualmente, la gente de la ciudad, sin agua no podría sobrevivir y tenían que salir.

¿Ves el paralelo? Tienes un manantial de cosas buenas, un manantial de gozo, paz y victoria. Pero muchas veces, permites que los "taponadores" logren su cometido. Quizá alguien te critique, pero en lugar de dejarlo pasar, te dedicas a pensar en ello todo el tiempo y te molestas cada vez más. Pronto estás pensando: "Voy a vengarme. Voy a pagarle con la misma moneda. Dice mentiras sobre mí, así que también contaré todo lo que sé de él".

En lugar de esto, mantén como prioridad la limpieza de tu manantial. Si alguien te critica y te hace ver mal ante los demás, reconoce esta crítica como piedra. Si piensas en ello todo el tiempo o te molestas y buscas venganza, quien te criticó logró su cometido. Dejó una piedra que tapona tu manantial. Ahora, tu gozo, tu paz y tu victoria se verán impedidos y no fluyen como debería.

En verdad, todos tenemos taponadores en nuestras vidas, gente que intenta hundirnos con sus palabras o acciones. Pueden hacer el papel de amigos, pero detrás de tu espalda te romperían en pedazos si pudieran hacerlo.

La forma en que podemos vencer estas críticas injustificadas, no es permitiéndonos la idea de la venganza, sin albergar resentimiento. No te rebajes a su nivel hablando mal de ellos. No te pongas a la defensiva tratando de probar que tienes razón y que el otro no la tiene. No. La forma en que derrotas al taponador es sacudiéndote el polvo y avanzando sin dejar que nada te lo impida. Mantén la mirada en el premio, en tus metas, haz lo que crees que Dios quiere que hagas.

Esto es lo que Jesús les mandó hacer a los discípulos cuando los envió a otras ciudades para enseñar, para sanar, para satisfacer las necesidades de la gente. Jesús sabía que sus seguidores enfrentarían rechazo de tanto en tanto. No todos los aceptarían, ni recibiría su mensaje con alegría. Había gente celosa que los criticaría, haciéndoles quedar mal. Jesús sabía que había taponadores, así que mandó a sus discípulos a hacer lo siguiente: *"Si alguno no los recibe bien ni escucha sus palabras, al salir de esa casa o de ese pueblo, sacúdanse el polvo de los pies"* (Mateo 10:14).

Observa lo siguiente: no les dijo "si les tratan mal". Dijo "cuando les traten mal, cuando les critiquen". Jesús no les aconsejó que se pusieran a la defensiva o se preocuparan, ni les mandó a defender su reputación para dejar en claro las cosas. Les dijo: *"… Sacudid el polvo de vuestros pies"*. Una forma simbólica de decir: "No vas a robarme mi gozo. Puedes rechazarme, decir cosas feas de mí, pero no bajaré a tu nivel. No voy a pelear contigo. Voy a dejar que Dios me reivindique".

A veces cuando dejas tu lugar de trabajo, tendrás que sacudirte el polvo. Hay gente que se dedica a escalar, a ser políticos, a tratar de hundirte. Déjalo todo allí. No cargues con ningún peso, llevándolo a casa. Sacúdetelo. Incluso cuando sales de la casa de un pariente, puede ser que tengas que decir: "Esto me lo sacudo. No beberé de su veneno".

En cambio, deja que Dios te reivindique. Si te quedas en el camino correcto Dios peleará las batallas por ti. Jamás ganarás tratando de hundir a tus críticos, bajando a su nivel y atacándoles personalmente. Elévate por encima de eso".

Cuando alguien te critique o hable cosas negativas, tu actitud debe ser: "Soy mejor que eso. No voy a permitir que su piedra tapone mi manantial. No voy a dejar que su espíritu celoso envenene mi vida. Voy a vivir lleno de gozo".

Oración de hoy para alcanzar lo mejor de ti

Padre, gracias por recordarme hoy que puedo "sacudirme el polvo de los pies". No tengo que llevar conmigo la crítica y la negatividad, sino que puedo dejarlo todo en tus capaces manos.

Pensamiento de hoy para alcanzar lo mejor de ti

Parte de la victoria está en "sacudirse el polvo de los pies".

Corre tu propia carrera

Pasaje para que alcances lo mejor de ti: Mateo 9:9-13

Pero vayan y aprendan lo que significa: 'Lo que pido de ustedes es misericordia y no sacrificio'. Porque no he venido a llamar a justos sino a pecadores.

—MATEO 9:13

TENDRÁS QUE RECONOCER QUE NO PUEDES IMPEDIR QUE LA gente hable mal. Si intentas convertirte en "la policía del chisme", esperando asegurar que nadie diga nada malo de ti, vivirás en frustración permanente. No hagas eso. Debes aceptar el hecho de que habrá gente que diga cosas hirientes. Sin embargo, puedes hacer algo mejor que eso. No tienes que beber de su veneno. Puedes elevarte por encima de ello, mantenerte en el camino alto y disfrutar de la vida.

· ·

No pases todo tu tiempo tratando de ganarles a quienes te critican. Sólo corre tu propia carrera.

· ·

No hace falta que me siente a pensar en toda la gente a la que no le caigo bien. Veo que cada día es un regalo de Dios y que mi tiempo es demasiado valioso como para desperdiciarlo tratando de conformar a todo el mundo. Acepté el hecho de que no a todos les caeré bien y que no todos podrán entenderme. No tienes que andar explicándote, ni pasar el tiempo tratando de ganarles o convencer a quienes te critican. Sólo corre tu propia carrera.

Comienzo cada mañana analizando mi corazón. Me aseguro todo lo que puedo y realizo lo que Dios quiere que haga. Al seguir Las Escrituras y sentir en mi corazón que mi vida va por el rumbo correcto, sé que eso es lo que importa. No puedo darme el lujo de permitir que me distraigan las críticas y las voces negativas. ¡Tú tampoco puedes!

Hay gente que pasa más tiempo pensando en lo que otros dicen, que soñando o poniéndose metas para su vida. Entiende que si quieres hacer algo grande, sea como maestro, como empresario o como deportista, no todos te alentarán. No todos sentirán entusiasmo por tu sueño. De hecho, habrá quienes se sientan mal y celosos por ello. Encontrarán fallas y te criticarán. Es crucial que aprendas a sacudirte toda crítica inmerecida. Apenas empieces a cambiar para conformar a todos estarás dando un paso atrás. Claro, podrás decir: "No iré temprano a trabajar porque todos empiezan a decir cosas de mí. No voy a comprar ese auto que quiero tanto porque sé que me van a juzgar y habrá quien me condene".

Descubrí que no importa lo que hagas o lo que no hagas, a alguien no le gustará. Así que no desperdicies tu tiempo preocupándote por todo eso. Haz lo que Dios puso en tu corazón y confía en que Él se ocupará de quienes te critican.

Es posible que necesites librarte del deseo de conformar a todos. Deja de preocuparte porque alguien te critique eventualmente. Recuerda que si te critican cuando intentas marcar una diferencia positiva en el mundo, estás en buena compañía. A Jesús lo criticaban continuamente por hacer el bien. Si hasta lo criticaron por sanar a un hombre el día sábado. Lo criticaron por cenar con un cobrador de impuestos. Los críticos lo llamaban el amigo de los pecadores. Lo criticaron por ayudar a una mujer que estaban por apedrear. Jesús no cambió en un fútil intento por encajar en el molde de cada persona. No intentó explicarse y hacer que todos lo entendieran. Se mantuvo siempre fiel, concentrado y cumpliendo su destino.

....

Jesús se mantuvo siempre fiel, concentrado y cumpliendo Su destino.

....

Esta verdad me ayudó a encontrar la libertad. Hubo un momento en mi vida, que sí quería gustarle a todo el mundo. Si oía un comentario negativo, pensaba: "Oh, no. Fracasé. ¿En qué me equivoqué? ¿Qué cosa tengo que cambiar?".

Pero un día observé que es imposible gustarle a todo el mundo y si alguien decide malinterpretar mi mensaje o mis motivos, no hay nada que pueda hacer al respecto. Ahora, no permito que los críticos me molesten o me roben mi gozo. Sé que la mayoría de las veces ni siquiera se trata de mí. El éxito que Dios me dio, despertó celos en ellos.

Si estás marcando diferencia en tu familia, en la oficina, en tu lugar de trabajo, siempre encontrarás críticos. No permitas que te estresen. Reconocerás que cuanto más alto llegues, más visible serás como objetivo, como blanco de críticas. ¡A muchos les gusta practicar tiro al blanco!

Oración de hoy para alcanzar lo mejor de ti

Padre, ayúdame a darme cuenta cuándo malgasto el tiempo tratando de agradar a otras personas en lugar de agradarte a ti, alcanzando a ser lo mejor de mí. Sé que siempre me ayudarás a correr mi propia carrera.

Pensamiento de hoy para alcanzar lo mejor de ti

Hoy tengo por delante una carrera en particular y no me desviaré el rumbo.

Dios tiene la última palabra

Pasaje para que alcances lo mejor de ti: Hechos 18:1-11

Pero cuando los judíos se opusieron a Pablo y lo insultaron, éste se sacudió la ropa en señal de protesta y les dijo: "¡Caiga la sangre de ustedes sobre su propia cabeza! Estoy libre de responsabilidad. De ahora en adelante me dirigiré a los gentiles".

—HECHOS 18:6

DURANTE SUS LARGOS VIAJES POR EL MUNDO ROMANO, AL apóstol Pablo le seguían las multitudes. Pero una y otra vez, hubo celosos que se molestaron y en varias ocasiones lo echaron de algunas ciudades.¿Qué hizo Pablo? ¿Se deprimió, diciendo: "Dios, me esfuerzo todo lo que puedo, pero nadie me entiende?". ¡No! Se sacudió el polvo de los pies. En efecto, decía: "Ustedes se lo pierden. Porque voy a hacer grandes cosas para gloria de Dios. No voy a permitir que su rechazo y sus palabras negativas me impidan alcanzar mi destino". Su actitud era: "Tiren todas las piedras que quieran. Tengo una tapa que cubre mi manantial. No voy a permitir que ustedes envenenen mi vida". Y escuché decir también: "Si te echan de la ciudad, ponte al frente de la fila y actúa como si lideraras el desfile". En otras palabras, sacúdete el polvo y sigue adelante.

....

No son quienes te critican los que determinan tu destino.

....

Me encanta este versículo: *"No prevalecerá ninguna arma que se forje contra ti; toda lengua que te acuse será refutada. Ésta es la herencia de los siervos del Señor, la justicia que de mí procede"* (ver Isaías 54:17). Es posible que soportes que hablen en tu contra, pero si logras mantenerte en el camino hacia arriba, esforzándote y dando lo mejor de ti, demostrarás que las críticas no tienen ningún valor. Además, Dios derramará sobre ti su favor, a pesar de quienes te critiquen.

Entiéndelo, tu destino no está ligado a lo que digan. Hay gente de Houston que predijo que la iglesia Lakewood jamás podría lograr reunirse en el estadio que se conoce como Compaq Center. Decían que no tendríamos la más mínima posibilidad.

De hecho, en un almuerzo de negocios al que asistieron importantes líderes de la ciudad, un hombre les dijo a sus acompañantes: "Hará frío en el infierno antes de que la iglesia Lakewood consiga el Compaq Center".

Cuando lo escuché, lo sacudí. Sabía que nuestro destino no estaría ligado al disenso, y que ese comentario no causaría más que distracciones. También vi que no todos podían entender nuestra decisión de mudarnos.

Decían: "¿Por qué quieren mudarse? ¿Para qué una iglesia más grande? ¿Por qué dejan sus raíces?". Muchas veces sentí la tentación de dar explicaciones, esperando convencerles de que la idea era buena. Pero sabía que no todos querían entender. Supongo que hoy hace frío en el infierno porque la iglesia Lakewood adora a Dios en ese lugar conocido antes como el Compaq Center. Y lo hacemos desde julio de 2005.

Amigo, amiga, no son tus críticos quienes determinan tu destino. Dios tiene la última palabra. Deja de escuchar lo que te dicen los detractores y deja de vivir tratando de agradar a la gente. Sacúdete el polvo y sigue avanzando.

Oración de hoy para alcanzar lo mejor de ti

Padre, eres quien nos da los sueños y el rumbo. Mientras te escuche y te siga, no tendré que preocuparme por los que me critican. Gracias por asegurarme que tienes la última palabra.

Pensamiento de hoy para alcanzar lo mejor de ti

Pase lo que pase hoy, Dios tiene la última palabra.

Mantente alegre y feliz

Nos hemos enterado de que entre ustedes hay algunos que andan de vagos, sin trabajar en nada, y que sólo se ocupan de lo que no les importa. A tales personas les ordenamos y exhortamos en el Señor Jesucristo que tranquilamente se pongan a trabajar para ganarse la vida.

—2 TESALONICENSES 3:11-12

UNA DE LAS CLAVES MÁS IMPORTANTES PARA UNA VIDA ME-jor es mantenerse alegre en lugar de tratar de conformar a todo el mundo. Es fácil asumir un falso sentido de la responsabilidad, pensando que tenemos que agradar a todos, "arreglar" a tal o cual persona, rescatar a tal otra o resolver el problema de alguien más.

Por cierto es noble y admirable ayudar a la mayor cantidad posible de personas y siempre es bueno acudir cuando otros están en necesidad. Pero muchas veces perdemos el equilibrio. Lo hacemos todo para los demás, pero no tomamos el tiempo de cuidar nuestra salud. Descubrí que cuando trato de ayudar a todos los que me rodean para mantenerlos contentos, soy el que termina sufriendo.

Dios no quiere que sacrifiques tu felicidad con tal de hacer feliz a otro. Esto puede sonar egoísta al principio, pero hay un equilibrio aquí. Tu primera prioridad es cuidarte, ocuparte de ti. Para hacerlo reconocerás que hay gente que nunca estará conforme, por mucho que hagas por ellos, por amable que seas o por mucho tiempo y energía que les dediques. Tienen sus propios problemas o cosas dentro que necesitan resolver.

Por cierto, aquí hay una línea muy fina, pero no eres responsable de las acciones de tu cónyuge. Ni de la felicidad de tus hijos. Cada uno de nosotros es responsable de su propia felicidad. Si estás del otro lado de la moneda y eres tú quien controla, perdóname por ser tan directo, pero es hora de que madures y te responsabilices de tu propia vida. Deja de depender del otro. Deja de exigirle a tu cónyuge que te anime y alegre cada día, de esperar que se esfuerce por mantenerte contento. No es justo para la otra persona. Deja de manipularla cuando no cumple con tus deseos o no hace lo que quieres. ¡No! Asume la responsabilidad de aprender a ser feliz.

No digo que debamos ser egoístas o egocéntricos. Tenemos que dar. Pero hay una diferencia muy grande entre ser generosos y permitir que nos controlen y nos hagan sentir culpables hasta tanto hagamos lo que el otro quiere. Dios no te llamó a ser infeliz sólo para que otro sea feliz. Y repito: si estás permitiendo esto, la culpa no la tiene solamente la otra persona. Tú asumiste la falsa responsabilidad y ahora, permites que te controlen.

. . . .

Dios no te llamó a ser infeliz sólo para que
mantengas contento a alguien más.

. . . .

Si estás en una relación en la que das todo y siempre tienes que animar o rescatar al otro, es señal clara de que algo no está bien. No hay equilibrio. Te convertiste en muleta y a menos que no cambies ciertas cosas, la relación seguirá hundiéndose. Tienes que trazar la línea. Puedes hacerlo en amor, ve y dile: "Te amo, pero no voy a permitir que continúes echándome encima tus problemas y haciendo de mi vida un desastre. No voy a permitir que agotes mi tiempo y energía. Tienes que asumir la responsabilidad y aprender a ser feliz".

Oración de hoy para alcanzar lo mejor de ti

Gracias, Padre, por el desafío de ser responsable de mi
propia felicidad. Ayúdame a preservar los límites sanos
que sean de utilidad, entre los otros y yo.

Pensamiento de hoy para alcanzar lo mejor de ti

No voy a esperar a que otros me hagan feliz.

Punto de inflexión

Pasaje para que alcances lo mejor de ti: Cantar de Cantares 1:1-6

Mis hermanos se enfadaron contra mí, y me obligaron a cuidar las viñas; ¡y mi propia viña descuidé!

—CANTARES 1:6

E S LIBERADOR ENTENDER QUE UNO NO NECESITA MANTENER conformes y contentos a todos. Y lo más importante, creo que si vives tratando de conformar a los demás, no cumplirás con el destino que Dios tiene para ti.

A veces uno no puede mantener contento a todo el mundo y ni siquiera a nuestros seres más queridos. Claro que debemos honrar y respetar a nuestros padres y escuchar sus consejos. Al final de cuentas, tendrás que seguir lo que te indique tu corazón. Hay un versículo en Las Escrituras que es bastante intrigante: *"me obligaron a cuidar las viñas; ¡y mi propia viña descuidé!"* (Cantares 1:6). Salomón está diciendo "Me ocupé muy bien de mantener felices a todos: a mis padres, a mi familia, a mis parientes y amigos. Pero al hacerlo, descuidé de mí".

Muchas veces, vivimos para conformar y agradar a todos, pero descuidamos agradarnos a nosotros mismos. Terminamos permitiendo que alguien más domine y controle nuestras vidas.

Si lo permites, mucha gente absorberá todo tu tiempo y energía. Verás que tu vida alcanza un nuevo nivel si te atreves a confrontar a estas personas y cambias lo que hace falta cambiar. No digo que será fácil. Si alguien te controló durante mucho tiempo no le gustará que te plantes con firmeza y no le permitas que continúe haciéndolo. Siempre haz lo que debas hacer en amor, con amabilidad y respeto, pero mantente firme y decide que vivirás en libertad.

···

*Es liberador entender que uno no necesita mantener
conformes y contentos a todos.*

···

Si eres tú quien controla, también necesitas cambiar. No tendrás bendición manipulando a los demás para que hagan lo que quieres. Deja de presionar a otros para que te complazcan. Elige el camino alto, camina en amor y verás que tus relaciones y tu vida mejoran.

Que este sea un punto de inflexión. Si viviste para agradar a todos o intentando resolverlo todo, líbrate de ese falso sentido de responsabilidad. Sí, ayuda a los demás, sé amable y compasivo. Pero asegúrate de mantener tu propia felicidad. Después de Dios, tú eres prioridad.

Si quieres correr tu propia carrera, no permitir que te controlen y manipulen, descubrirás que tienes menos estrés y más tiempo y energía. Pero también creo que serás más feliz y más capaz de cumplir con el mejor plan de Dios para tu vida.

Oración de hoy para alcanzar lo mejor de ti

*Padre, si confío y te obedezco continuamente, no seré la prioridad en
mi vida, sino tú. Sé que es esencial que lo entienda por completo.*

Pensamiento de hoy para alcanzar lo mejor de ti

*No hay ser humano que pueda controlarme o
manipularme porque mi vida le pertenece a Dios.*

Quinta parte

ABRAZA EL LUGAR EN EL QUE ESTÁS

Florece, allí donde estés

Pasaje para que alcances lo mejor de ti: Salmo 46:1-11

Quédense quietos, reconozcan que yo soy Dios.¡Yo seré exaltado entre las naciones! ¡Yo seré enaltecido en la tierra!
—SALMO 46:10

¿CONOCES A ALGUIEN QUE NO SEA FELIZ CON EL LUGAR QUE la vida le dio? A alguna mujer frustrada porque no se casó, aunque en su reloj biológico suene la alarma. A un hombre molesto porque no recibe el trato que espera en su carrera profesional. Siempre viven preocupados, tratando de encontrar los motivos o de cambiar aquello que solo Dios puede cambiar.

Creo que somos nosotros quienes creamos nuestra propia infelicidad, la frustración al resistirnos continuamente y pelear contra las situaciones y circunstancias de nuestras vidas. No entendemos el porqué no recibimos respuesta a las oraciones y por qué las cosas no cambian más rápido. ¿Por qué me pasa esto a mí? En consecuencia, vivimos inquietos e incómodos por dentro.

Aprende a relajarte y acepta el lugar en que estás. Lo admito, quizá no sea un lugar genial en este preciso momento. Todos tenemos cosas que queremos cambiar, cosas que anhelamos que sucedan más rápido. Pero si en verdad creemos que Dios está al mando y dirige nuestros pasos, debemos creer que estamos exactamente donde tenemos que estar. No luchamos contra la vida resistiéndonos siempre a nuestras circunstancias.

Sí, debemos resistir al enemigo, a la enfermedad y a todo lo que nos robe el gozo. Pero no significa que tengamos que vivir peleando a cada momento. Hay gente que parece agotarse, constantemente orando, resistiéndose y reprendiendo. Ruegan: "Por favor, Dios, tienes que cambiar esta situación. Tienes que cambiar a mi esposo. No me gusta mi empleo. Mi hijo no se porta bien".

No es la forma, entrégale todo a Dios. Tu actitud tiene que ser: "Dios, confío en ti. Sé que estás al mando en mi vida. Quizá no pueda entender todo lo que sucede, pero creo que obras para mi bien. No seguiré luchando y resistiéndome. Voy a relajarme y a disfrutar de la vida". Amigo, amiga, si puedes orar así con sinceridad, te quitarás un enorme peso de encima.

La Biblia dice: *"Quédense quietos, reconozcan que yo soy Dios"* (Salmo 46:10). Observa, debes estar quieto. Tienes que estar en paz, allí donde estés ahora. Tal vez no todo sea perfecto. Tendrás áreas en las que debas mejorar. Pero mientras vivas con preocupación y estrés, mantienes atadas las manos de Dios todopoderoso. Si puedes llegar a un lugar de paz, Dios peleará por ti las batallas. Puede convertir tus situaciones negativas en positivas y usarlas para bien.

....

No importa dónde estés, aceptas ese lugar porque
es donde Dios quiere que estés.

....

Las Escrituras dicen: *"En tal reposo entramos los que somos creyentes"* (ver Hebreos 4:3).Entrar en el reposo de Dios significa que, aunque tengas un problema, confías en que Él se ocupará de todo. Significa que cuando tienes una situación que no entiendes, no tratas de analizarla y encontrar la solución todo el tiempo. Significa que cuando tienes un sueño en tu corazón, no estás apurado y no te sientes frustrado porque todavía no se concretó. Es decir que cuando estás en el reposo de Dios sabes que te tiene en la palma de su mano. No importa dónde estés, aceptas ese lugar porque es donde Dios quiere que estés.

No digo que Dios quiere que te quedes ahí, pero si confías de verdad y crees que Él está al mando, entonces dondequiera que estés, sea en circunstancias buenas o malas, allí es donde estarás. Quizá sucedió algo injusto. Tal vez alguien te trato injustamente o es probable que tengas problemas de dinero. Aun así, no te da derecho a vivir en frustración y enojo.

Debemos entender que Dios prometió que utilizará para bien, todo lo que suceda en nuestras vidas. Utilizará esa dificultad para obrar en ti. Lo que hoy estás viviendo quizá no sea bueno, pero si mantienes la actitud correcta, Dios lo utilizará para tu bien.

Oración de hoy para alcanzar lo mejor de ti

Padre, quiero tomar hoy la decisión especial de estar en quietud y reconocer que eres Dios. Quiero descansar a tu cuidado, recordando que nada de lo que enfrente es demasiado grande como para que te ocupes de resolverlo.

Pensamiento de hoy para alcanzar lo mejor de ti

Estoy exactamente donde Dios quiere que esté en este momento.

Vivir por sobre las circunstancias

Pasaje para que alcances lo mejor de ti: Génesis 41:1-57

Allí, con nosotros, había un joven hebreo, esclavo del capitán de la guardia. Le contamos nuestros sueños, y a cada uno nos interpretó el sueño.

—GÉNESIS 41:12

L AS CIRCUNSTANCIAS EN QUE ESTAMOS, A VECES PUEDEN INTI-midarnos. Me dirás. "Joel, no entiendes mis circunstancias. Hago lo correcto, pero me pasa todo lo malo. Mi matrimonio está mal. La gente no me trata bien. Me tocan cosas malas en la vida".

Por favor, no lo uses como excusa para vivir en un pozo de desazón y oscuridad. Piensa en José, el personaje del Antiguo Testamento. Pasó trece años en prisión, acusado de un crimen que no cometió. Pudo vivir en constante lucha contra eso o pasar el tiempo tratando de entender por qué le sucedieron estas cosas horrendas. Pudo volverse negativo, amargado, enojado. Pero no lo hizo. Sencillamente abrazó el lugar donde estaba y sacó lo mejor de su mala situación. Su actitud fue: "Dios, aquí es donde me pusiste. No me gusta. No lo entiendo. No creo que sea justo. Pero no voy a habitar en ello. Voy a seguir esforzándome, porque sé que en última instancia utilizarás todo esto para beneficio mío".

Eso es exactamente lo que hizo Dios. Y lo mismo hará por ti si mantienes tu actitud enfocada en Él de manera positiva.

Tal vez te sientas frustrada porque aun no te casaste. Y no serás feliz hasta encontrar a un compañero. Relájate y disfruta del lugar donde Dios te tiene ahora. La frustración no hará que te cases antes, la preocupación continua por tu soltería, de hecho puede retrasar tus posibilidades.¿Le expresaste a Dios tu deseo? Por qué no te relajas y dices: "Dios, no sea mi voluntad, sino la tuya. Te entrego esto. Creo que tú tienes mi beneficio en mente".

Está bien, ora con sinceridad: "Dios, sabes que me gustaría que suceda esto hoy. Pero voy a confiar y a creer que en el momento adecuado traerás a la persona indicada a mi vida". Eso es confiar en Dios. Puedes dejar de intentar solucionarlo por tu cuenta.

Uno de mis versículos favoritos es Romanos 8.28: *"Ahora bien, sabemos que Dios dispone todas las cosas para el bien de quienes lo aman"*. Si puedes mantener una actitud de fe Dios hará que toda situación obre para tu bien. "Joel, la gente me trata mal. Es incómodo. No me gusta. Quiero salir de esta situación".

. . . .

El hecho es que cuando todo va bien, no crecemos tanto.

. . . .

No podemos orar para que desaparezca toda incomodidad de nuestras vidas. Dios no va a quitar al instante todo lo que te resulte difícil. Él utiliza estas cosas para refinarnos y para hacer una obra nueva en nosotros. En los momentos difíciles Dios desarrolla nuestro carácter. El hecho es que cuando todo va bien, no nos acercamos demasiado a Dios y las cosas se tornan difíciles cuando no ejercitamos nuestros músculos espirituales. Allí es donde más nos aprieta.

Es claro que nadie disfruta de la incomodidad, pero lo que nos ayuda a seguir adelante aun en los momentos difíciles, es recordar que Dios va a lograr algo bueno a partir de esta incomodidad. Saldrás de la situación más fuerte que antes y Dios te preparara para algo más grande todavía.

Aun así, tienes que pasar por estas pruebas. Si te arrastras, preocupándote y tratando de entenderlo todo, luchando contra lo que no te guste, lo único que lograrás es prolongar el proceso. Tienes que reconocer que estás donde estás por una razón.

Sea por tus decisiones o porque el enemigo te ataca, Dios no permitirá que nada suceda en tu vida a menos que Él tenga un propósito para ello. Tal vez no te guste y te incomode. Pero si mantienes la actitud correcta, al final saldrás más fuerte y mejor que antes.

Oración de hoy para alcanzar lo mejor de ti

*José es un ejemplo maravilloso, padre, de alguien que vivió
por encima de sus circunstancias. Ayúdame a imitarlo
más, dejando en tus manos los detalles de la vida.*

Pensamiento de hoy para alcanzar lo mejor de ti

*En última instancia, la vida no tiene que ver
con mi voluntad sino con la de Dios.*

Oraciones sin respuesta

Pasaje para que alcances lo mejor de ti: Daniel 3:1-30

Si se nos arroja al horno en llamas, el Dios al que servimos puede librarnos del horno y de las manos de su majestad. Pero aun si nuestro Dios no lo hace así, sepa usted que no honraremos a sus dioses ni adoraremos a su estatua.

—DANIEL 3:17-18

H AY COSAS QUE NUNCA LLEGARÁS A ENTENDER DE ESTE LADO del cielo. Si siempre intentas entenderlo todo, solo sentirás frustración y confusión. Aprende a confiar en Dios, sabiendo que mientras des lo mejor de ti y mantengas tu corazón puro, estás exactamente donde tienes que estar. No será fácil pero al final, Dios lo usará para tu beneficio.

Uno de los aspectos más importantes de la fe es confiar en Dios aun cuando no entendamos. Un amigo mío contrajo cáncer. Lo llamé para darle ánimo y pensé que estaría deprimido. Me llevé una agradable sorpresa cuando dijo: "Joel, estoy en paz. No me gusta esto, pero sé que Dios sigue estando al mando. Y creo en mi corazón que Él me ayudará a atravesar esto".

Aun en momentos de extrema dificultad, aunque desaparezca el suelo bajo tus pies, no tienes que angustiarte o tensionarte. A veces pensamos que a cada minuto deberíamos orar, resistir y citar Las Escrituras. Por cierto, nada malo hay en ello. Pero reposar, permanecer en paz, mantener tu gozo y seguir sonriendo también forman parte de la buena pelea de la fe.

Si estás en un lugar difícil, anímate, Dios esta al mando de tu vida. Él hizo tu cuerpo. Él conoce tus circunstancias. No te quedes sentado, deprimido y desalentado. Tu actitud debe ser: "Dios, confío en ti. Sé que puedes hacer lo que los seres humanos no podemos y entrego mi vida en tus manos".Esta actitud de fe agrada a Dios. La gente que tiene determinación y que dice: "Dios, voy a confiar en ti aun si las cosas salen como quiero o como no. Confiaré en ti en las malas y en las buenas".

Dios, confiaré en ti aun si las cosas salen como quiero o como no.

Recuerda a esos tres adolescentes hebreos en el Antiguo Testamento que se negaron a inclinarse ante el ídolo de oro del Rey Nabucodonosor. El rey se molestó tanto que ordenó echarlos en un horno encendido.

Los muchachos hebreos dijeron: "Rey, eso no nos preocupa. Sabemos que nuestro Dios nos liberará. Pero aun si no lo hiciera, no nos inclinaremos ante el ídolo". Observa que abrazaron el lugar en donde se encontraban, aunque era difícil y no les gustaba.

Tú puedes hacer algo similar. Deja de vivir frustrado porque no ves la respuesta que esperas para tus oraciones. Deja de deprimirte porque no llegaste en tu carrera profesional todo lo lejos que querías o esperabas, porque tienes problemas en tu matrimonio o en tus finanzas. Sigue adelante. Mantén tu gozo y entusiasmo. Quizá no estés exactamente donde esperabas, pero sabrás esto: Dios sigue al mando de tu vida. Y mientras pases las pruebas no existirá fuerza de las tinieblas que impida cumplir el destino que Dios tiene para ti.

Puedes quitarte ese peso de encima. No tienes que pelear y luchar todo el tiempo, intentando cambiar a todos. ¡No! Abraza el lugar en donde estás y cree que Dios está al mando y está obrando en ti, guiándote y dirigiéndote.

Si estás en medio de una tormenta o si enfrentas graves dificultades, escucha cómo Dios habla a tu corazón: "Levántate por sobre todo eso. Deja de pelear. No busques cambiar lo que puedo cambiar".

Cree que Dios tiene un gran plan para tu vida. Si aprendes a abrazar el lugar en donde estás, te elevaras más. Vencerás todo obstáculo y vivirás en la victoria que Dios tiene reservada para ti.

Oración de hoy para alcanzar lo mejor de ti

*Padre, confío en ti. Voy a confiar tanto si sucede lo que deseo,
como si no. Y confiaré en las buenas y las malas.*

Pensamiento de hoy para alcanzar lo mejor de ti

No te preocupes por aquellas cosas que solo Dios puede cambiar.

Bienestar del alma

Pasaje para que alcances lo mejor de ti: Colosenses 1:3-13

Pedimos que él, con su glorioso poder, los haga fuertes; así podrán ustedes soportarlo todo con mucha fortaleza y paciencia, y con alegría.

—COLOSENSES 1:11

¿NOTASTE QUE EN LOS MOMENTOS DIFÍCILES NOS VOLVEMOS más fuertes? Como un elástico al estirarse. Es cuando Dios desarrolla nuestro carácter y nos prepara para la promoción. Tal vez no nos guste, porque estirarse a veces es incómodo. Pero si mantenemos una actitud correcta, saldremos mejor que antes.

La clave para pasar la prueba, está en mantener la paz y permanecer en reposo. Cuando estás en paz tienes poder. Cuando reposas, Dios puede pelear las batallas por ti. Muchas personas se agotan, frustradas porque no tienen el empleo que quieren, molestas porque su hijo no hace lo que debe, preocupadas por un problema de salud. Entrégale todo a Dios y acepta pasar por los momentos difíciles con buena actitud.

En Colosenses, capítulo 1, Pablo oró porque el pueblo tuviera la fuerza para soportar lo que les tocara vivir. Piensa en eso. El gran apóstol Pablo no oró para que Dios quitara todas las dificultades. No oró porque los librara de inmediato. ¡Oró para que tuvieran fuerzas para soportar y pasar por los momentos difíciles!

. . . .

Piensa en esto: "Dios quiere que reposes en Él, que tengas paz en tu corazón y tu mente".

. . . .

A veces oramos: "Dios, sácame de esta situación. No la soporto. Si continúa durante una semana más, no sobreviviré". Sin embargo, es mejor orar así: "Padre, por favor dame fuerzas para pasar por esta situación con buena actitud. Ayúdame a mantener mi gozo. Ayúdame a mantener mi paz". Nuestras circunstancias no van a cambiar hasta tanto no cambiemos. Dirás: "Es tan difícil. Tengo un grave problema de salud y tengo esta situación en el trabajo".

¡No! Tienes el poder de Dios altísimo de tu lado. Puedes soportar lo que sea. Eres más que conquistador. Eres vencedor, no víctima. Claro que a todos nos gustaría que Dios nos librara al instante. Pero la mayoría de las veces no es así como obra Él. Entrega la situación a Dios y luego deja de preocuparte por ello. No permitas que domine tus pensamientos y palabras. En cambio, acude al lugar de paz y reposo. Por más que la situación sea difícil y no te guste, estás creciendo.

Dios tiene un plan y un propósito para todo. Es posible que no podamos verlo ahora, pero nos prometió que no permitirá que nada entre en nuestras vidas a menos que Él pueda obrar para bien a través de ello. Esto deberá quitarnos toda presión. Significa que si no recibimos respuesta a la oración como queremos, entonces Dios tiene reservado algo mejor. Él sabe lo que más nos conviene, así que puedes creer que todo obrará para tu bien. No vivas agotado cuando la presión aumente.

Decide, en tu mente y tu corazón: "No voy a deprimirme porque mi negocio no crece como esperaba. Me niego a perder el aliento sólo porque mi hijo no hace las cosas bien. ¡No! Voy a permanecer en paz, confiando en Dios y sabiendo que en el momento indicado va a transformar la situación y la utilizará para mi bien". Esta es una forma increíblemente liberadora en que podemos vivir.

Posiblemente sufras de problemas estomacales, dolores de cabeza, úlceras y todo tipo de dolencias. O no puedes dormir bien por las noches, porque tu mente recorre todo el tiempo las imágenes de ti peleando contra todo lo que no sale como quieres. Es que quieres cambiar lo que solo Dios puede. Cuando Dios no se mueve en la situación, es porque o no es momento o porque está obrando en ti. Centra tu mente en el lugar de paz donde puedes decir con sinceridad: "Muy bien padre, no sea mi voluntad, sino la tuya".

Cuando entiendes este principio, tu vida se vuelve mucho más fácil. No vivirás en frustración porque tus planes no resultan. No sentirás desilusión durante un mes porque no te ascendieron. No te molestarás porque alguien fue injusto contigo. Sabes que Dios está al mando y que te tiene exactamente donde te quiere tener. Mientras sigas confiando en Él, peleará tus batallas. Eso es lo que dice Éxodo en el capítulo 14: *"Jehová peleará por vosotros, y vosotros estaréis tranquilos".*

Piensa que Dios quiere que estés tranquilo, que tengas paz en tu corazón y tu mente. Mientras vivamos frustrados, enojados, agotados por nuestros esfuerzos, Dios dará un paso atrás y esperará. Para mostrarle que confiamos en Él, debes permanecer en paz, sonriendo, con buena actitud día a día. Si eres consistente, estable y tus circunstancias no te turban, estás proclamando: "Creo que Dios está al mando de mi vida, en todo".

Oración de hoy para alcanzar lo mejor de ti

Padre, pongo en tus manos mis difíciles circunstancias.
Reposaré, confiando y sabiendo que a su debido tiempo tú
darás vuelta las cosas y las usarás para mi bien.

Pensamiento de hoy para alcanzar lo mejor de ti

Creo que Dios está al mando de mi vida, en todo.

Quítate ese peso de encima

Pasaje para que alcances lo mejor de ti: Salmo 55:16-22

Encomienda al Señor tus afanes, y él te sostendrá; no permitirá que el justo caiga y quede abatido para siempre.

—SALMO 55:22

A VECES NOS DEJAMOS CONSUMIR TANTO POR LOS SUEÑOS, POR vencer obstáculos, que es lo único en lo que pensamos, lo único de lo que hablamos y lo único por lo que oramos. No seremos felices si no sucede exactamente como queremos que suceda. Si no nos cuidamos, eso nos lleva a la frustración y hasta el resentimiento.

Cuando percibes que esto sucede, debes regresar al lugar de reposo y paz donde puedas decir con sinceridad: "Dios, confío en ti. Creo que sabes lo que es mejor para mí. Y Dios, aunque no funcione como quiero, no me sentiré infeliz. No voy a permitir que esto arruine mi vida. Tomo la decisión de alegrarme con este lugar donde me pusiste".

En la historia de la Iglesia, hay una que es de mis favoritas, la de Horatio G. Spafford, un rico comerciante que vivió en el siglo diecinueve. Sin embargo, no es la historia de éxitos que podemos escuchar en nuestros días. De hecho, enfrentó a horribles tragedias en su vida. Su esposa y sus cuatro hijas viajaban en un barco que cruzaba el Océano Atlántico, cuando la nave chocó con otra. Junto con más de doscientas otras personas, las cuatro hijas de Spafford perdieron la vida. La esposa le envió un telegrama informándole de la tremenda noticia.

Horatio Spafford reservó un pasaje para cruzar el Océano Atlántico y así reunirse con su atribulada esposa. En un momento, el capitán notificó que pasaban por el lugar del accidente, donde murieron sus hijas. Horatio miró con solemnidad las olas y esa noche escribió lo que se convertiría en uno de los himnos más bellos de la fe cristiana:

"Cuando la paz como un río inunda mi alma, cuando la pena como el mar levanta sus olas, pase lo que pase, Tú me enseñaste a decir: 'Todo está bien. Mi alma está en paz'".

··

Puedes decidir hoy mismo que confiarás en Dios dondequiera que estés.

··

No importa lo que suceda en el camino de nuestra vida, tenemos que ser capaces de decir: "Mi alma está en paz. La vida quizá me jugó malas pasadas, pero mi alma está en paz. Todos mis sueños no se cumplieron aún, pero está bien. No tengo apuro. Se harán realidad, cuando Dios lo disponga".

Mi plan no resultó. Sin embargo, mi alma está en paz. Recibí una mala noticia del médico, las cosas no se ven bien. Pero Dios tiene otra noticia. Sé que Él puede hacer lo que los hombres no pueden. Y pase lo que pase conmigo, todo está bien. Mi alma está en paz. Este es el tipo de actitud que necesitamos.

Tal vez necesites una nueva perspectiva. Quizá te concentraste en lo que no tienes, en lo que no puedes hacer, en lo que está mal en tu vida. Le decías a Dios cada cinco minutos qué hacer y cómo, informándole que no serás feliz a menos que todo resulte exactamente como lo deseas.

Decide entregarle todo a Dios. El Salmo 55.22 dice: *"Encomienda al Señor tus afanes, y él te sostendrá"*. No importa qué tan oscuro o triste esté todo en tu vida, puedes echar el peso de esa carga en Dios. Si lo haces, te elevarás más alto y verás que sale el sol en tu vida.

Esto comienza cuando creemos que Dios está al mando. En los capítulos siguientes, miraremos más de cerca cómo funciona esto en nuestras vidas, mientras tanto puedes decidir que confiarás en Él estés donde estés. Cuando lo hagas, la batalla no te pertenecerá más. Será del Señor. Pídele a Dios que te dé fortaleza para soportar y reposa, seguro que Él cuidará de ti, aun en medio de las más terribles tormentas de la vida.

Oración de hoy para alcanzar lo mejor de ti

*Padre, sé que cuando encomiendo mis preocupaciones, mi
alma está en paz. Me quitas el peso de encima y confío en
que me sostendrás, pase lo que pase en este día.*

Pensamiento de hoy para alcanzar lo mejor de ti

Me contentaré con el lugar donde Dios me puso hoy.

Habita en la paz, siempre

Pasaje para que alcances lo mejor de ti: Lucas 8:22-25

*Y mientras navegaban, él se durmió. Entonces se desató una tor-
menta sobre el lago, de modo que la barca comenzó a inundarse y
corrían gran peligro.*

—LUCAS 8:23

¿SABÍAS QUE PUEDES TENER PAZ AUN EN MEDIO DE LAS CIR-
cunstancias difíciles? Mucha gente intenta librarse de sus problemas, con la esperanza de ser felices y empezar a disfrutar de la vida.
Sin embargo, Dios quiere que aprendamos a tener paz en medio de las
tormentas. Quiere que tengamos paz aun cuando las cosas no salgan
como queremos, cuando tu jefe no te trata bien, no te dieron el ascenso que querías o tu hijo no hace lo que debería.

Si cometemos el error de afirmar nuestra paz en las circunstancias
de la vida, jamás experimentaremos lo mejor de Dios, porque siempre existirá algo que nos moleste. Nunca vas a librarte de las pequeñas molestias de la vida. Nunca llegarás a un punto donde no tengas
desafíos u oportunidades para el desaliento. Tenemos que cambiar
nuestra mirada.

Jesús dormía en una barca cuando se levantó una fuerte tormenta. El viento soplaba y sacudía la barca. Los discípulos perturbados,
sintieron miedo. Le dijeron: "Jesús, despierta. ¡Estamos a punto de
perecer!".

Jesús se levantó y le habló a la tormenta. Dijo: "Paz, estate quieta".
Al instante el viento se calmó y el Mar de Galilea quedó tranquilo, con
las aguas como un espejo. La razón por la que Jesús trajo paz en esa situación, fue porque tenía paz. Estaba en la tormenta, pero no permitió
que la tormenta entrara en Él.

Puedes estar en la tormenta, pero no permitas que la tormenta entre en ti.

La paz no es necesariamente ausencia de problemas. Ni ausencia de enemigos, para tal caso. Puedes tener problemas y conflictos alrededor de ti, pero paz real en tu interior.

Es posible que te preocupes o molestes por algún aspecto de la vida. Por tus finanzas o porque hay una situación injusta en tu trabajo y como resultado, dejas que te perturbe tu interior. Día tras día, esto te pesa y te quita el gozo, la energía y el entusiasmo. Es que permitiste que la tormenta entrara y tienes que hacer algunos cambios.

"Tan pronto pase, volverá todo a la normalidad, como siempre", dirás. ¡No! Sabes que cuando pase este desafío, otra cosa puede robarte la paz. Tienes que cambiar tu perspectiva y no permitir que todo eso te perturbe. En cambio, entrégale la situación a Dios.

Entiéndelo antes de que entres en este lugar de paz, Dios no puede obrar en tu vida como quiere hacerlo, porque sólo lo hace allí donde hay actitud de fe, expectativa y no actitudes de falta de fe, preocupación, desesperanza y desaliento. Todos los días tendrás oportunidades de perder tu paz. Habrá quien sea rudo contigo al teléfono y querrás saltarle encima y tomarle del cuello. Pero te dirás: "No. Voy a permanecer en paz. No voy a permitir que esto me moleste".

O quizá tu jefe no te da el crédito que mereces. No obtuviste el ascenso que esperabas. Di algo así como: "Está bien. Dios está al mando. Sé que tiene algo mejor reservado para mí. Es que estoy molesta porque este hombre me dejó", dice Suzanne. "Estuvo mal. No fue justo. Quería llamarlo y decirle lo que pienso. No, mantén tu paz", le dije. "Si permaneces en calma y en reposo Dios traerá a alguien mejor a tu vida. Tomará lo que el enemigo quería usar para mal y lo transformará en algo para bien. Pero tendrás que hacer tu parte y mantener tu paz. No vivas molesta, preocupada y frustrada".

A veces perdemos nuestra paz por cosas que no podemos cambiar. No puedes cambiar el tráfico de la mañana. Más vale permanecer en calma. No lograras que tu cónyuge, tu jefe o tu vecino hagan lo correcto. Solo Dios puede hacerlo. Así que más vale disfrutar de la vida, mientras Dios se ocupa de cambiar cosas en las vidas de quienes te rodean.

Oración de hoy para alcanzar lo mejor de ti

Gracias, padre, por estar siempre conmigo en la barca, incluso cuando pienso que te dormiste. Ayúdame a mantener mi mirada y confianza en ti y no en las circunstancias en las que me encuentro cuando llegan las tormentas.

Pensamiento de hoy para alcanzar lo mejor de ti

Mi fe me permitirá permanecer en calma en medio de las tormentas.

Vuela como un águila

Pasaje para que alcances lo mejor de ti: Isaías 40:25-31

Pero los que confían en el Señor renovarán sus fuerzas; volarán como las águilas: correrán y no se fatigarán, caminarán y no se cansarán.

—ISAÍAS 40:31

A LO LARGO DE LA BIBLIA, QUIEN CONFÍA SINCERAMENTE EN Dios, es comparado con un águila. El águila tiene quien le moleste: el cuervo. El cuervo grazna siempre y le causa problemas. La verdad es que todos tenemos cuervos en nuestras vidas. ¡Si hasta tendrás una bandada y algunos pollos y pavos también!

Hay gente que sencillamente nos perturban y nos irritarán si le permitimos. Pero aprendamos la lección del águila. Cuando vuela, puede venir un cuervo por detrás y comenzar a molestar, chillando y revoloteando por allí. Aunque el águila es mucho más grande, no puede maniobrar rápido.

Así que para librarse de esta peste, sencillamente despliega sus enormes alas, aprovecha una corriente cálida y se eleva más y más alto. Eventualmente llega donde ningún otro pájaro puede llegar. El cuervo ni siquiera puede respirar allí arriba. En raras ocasiones, se vieron águilas que vuelan tan alto como los siete mil metros de altura, casi donde vuelan los jets.

. . . .

Para librarte de quien te persigue, tendrás que volar más alto.

. . . .

De la misma manera, si quieres librarte de tu peste, tendrás que volar más alto. No bajes a su posición. No discutas. No trates de devolver mal con mal. No seas indiferente. Sé mayor que ellos. Deja pasar sus faltas. Camina en amor y atrévete a bendecir, aun a tus enemigos. A la larga, el cuervo no puede competir con el águila.

Amigo, amiga, eres un águila. Fuiste creado o creada a imagen de Dios todopoderoso. Aprende a elevarte por sobre tus circunstancias, por sobre las políticas de pequeñeces en la oficina. No permitas que la gente te absorba hacia su lugar de pelea y división, ni que te molesten o perturben con chismes.

Siempre recuerda que los pavos, los pollos y los cuervos no pueden vivir a la altura para la que fuiste diseñado. Dios está al mando de tu vida, totalmente. Ha prometido que si mantienes la paz y el reposo, enmendará tus ofensas. Traerá justicia a tu vida. No tienes que preocuparte, ni dejarte controlar por tus circunstancias. Puedes como el águila volar mucho más alto.

No verás al águila picoteando el suelo junto con los pollos. El águila vuela y vive alto, cerca de Dios.

Además, cuando llega la tormenta, el águila no la atraviesa. Extiende las alas para atrapar más viento y se eleva por encima de las nubes. Sube hasta dejar atrás todo disturbio. El águila no se preocupa por la tormenta que ve delante. No se molesta. Porque sabe que tiene una salida.

Sin duda, probablemente lucharía contra la tormenta, agotándose y hasta quizá, lastimándose. Pero sería una lástima vivir así cuando Dios le dio la capacidad de elevarse por encima de los nubarrones.

Sin embargo, muchos lo hacemos. Dios nos entregó su paz. Nos dijo que echemos sobre El toda preocupación. Nos dijo que si permanecemos en reposo El peleará las batallas por nosotros. Aun así, muchas veces permitimos la preocupación. Nos molestamos y dejamos que la gente nos robe nuestro gozo. Nos sentimos muy mal si las cosas no salen exactamente como lo esperábamos. Y hasta sentimos frustración si nuestro jefe, esposo o esposa no hacen lo que queremos que hagan.

Puede que no seas capaz de cambiar ciertos aspectos de tu vida, pero lo que sí puedes hacer es elevarte por encima de ellos. Entrégale todas las situaciones a Dios. Decide hoy que no permitirás que todo eso te moleste.

Es interesante que el cuervo tenga que aletear con esfuerzo, sólo para poder volar. Tiene que esforzarse constantemente. El pollo apenas puede elevarse, por mucho que agite las alas, no llegará lejos. El águila tiene que aprovechar las corrientes de aire que le sirvan para llegar más y más alto. No necesita ser como el cuervo, que se esfuerza todo el tiempo. Sólo extiende sus alas y reposa en lo que Dios le entrego, dejándose llevar por el viento.

Si siempre vives en frustración, tratando de resolver todo en tu vida, tratando de enderezar a tal persona por lo que hace o dice, preocupándote por tu salud o tus finanzas, estás actuando como un cuervo. Te esfuerzas, aleteando todo el tiempo. Amigo, amiga, la vida no tiene por qué ser así. ¿Por qué no te relajas? Dios está al mando de tu vida. Dijo que jamás te abandonará ni te dejará. Dijo que será el amigo que está más cerca que un hermano.

Oración de hoy para alcanzar lo mejor de ti

Olvido con demasiada facilidad, padre, que confiar en ti
no es aletear con más fuerza, sino dejar que me eleves.
Gracias por tu promesa de que no me dejarás caer.

Pensamiento de hoy para alcanzar lo mejor de ti

Para volar como águila, hay que pensar y confiar como el águila.

Recuerdos que no
tienen precio

[Josué] se dirigió a los israelitas: "En el futuro, cuando sus hijos les pregunten: '¿Por qué están estas piedras aquí?', ustedes les responderán: 'Porque el pueblo de Israel cruzó el río Jordán en seco'".
—JOSUÉ 4:21-22

EL SALMISTA DIJO: *"Prefiero recordar las hazañas del Señor, traer a la memoria sus milagros de antaño"* (ver Salmo 77.11). Observa que dice *"prefiero recordar"*. Es decir que la bondad de Dios está constantemente en su mente. ¡Qué buena forma de vivir!

Muchas veces, sin embargo, recordamos aquello que deberíamos olvidar: nuestro desaliento, dolor, fracasos y también olvidamos lo que debiéramos recordar: nuestras victorias, éxitos, los buenos momentos.

En el Antiguo Testamento Dios mandó a su pueblo a celebrar determinadas festividades para que no olvidaran lo que Él hizo por ellos; para que las inspiradoras historias pasaran de generación en generación. Varias veces al año, el pueblo judío dejaba lo que hacían y todos celebraban el hecho de que Dios los sacó de la esclavitud o que derrotó a tal o cual enemigo y que les hubiera protegido de alguna calamidad. Estas celebraciones no eran optativas. Eran un mandamiento, el pueblo debía asistir y recordar la bondad de Dios para con ellos.

En otras secciones de La Biblia, se registran los "monumentos recordatorios" que el pueblo de Dios erigía. Eran pilares que marcaban victorias que Dios les otorgó. Cada vez que ellos o sus descendientes, pasaban por estos monumentos, recordarían las cosas potentes que Dios hizo.

Muchas veces, sin embargo, recordamos aquello que deberíamos
olvidar y olvidamos lo que debiéramos recordar

Nosotros tenemos que hacer algo parecido. Tómate tiempo para recordar tus victorias y celebrar lo que Dios hizo en tu vida. Levanta monumentos y pilares.

Es una de las mejores formas de alimentar tu fe y seguir con ánimo. Recuerda aquel momento en que Dios abrió los caminos cuando no veías por dónde pasar. Recuerda cuando sufrías a causa de la soledad y Dios te envió a alguien especial. Recuerda cómo Dios te sanó o sanó a alguien que conoces. Piensa en cómo te protegió de la tormenta, cómo te guió, cómo te bendijo. Si tomas conciencia de la bondad de Dios en tu corazón, no vas a pensar nunca más: "Bueno ¿cómo saldré de este lío? Me pregunto si Dios se acordará de mí".

¡No! Dirás en cambio: "Sé que Dios lo hizo por mí antes. ¡Y volverá a hacerlo!". Harás bien en repasar la bondad de Dios hacia ti con regularidad, pensando sencillamente en las grandes victorias de tu vida, en los éxitos inesperados y en los momentos en que te enteraste que Dios intervino en tus circunstancias. Recuerda el día en que nacieron tus hijos. Recuerda cuando Dios te dio ese empleo. Cuando Dios trajo a esa persona especial a tu vida. Cuando te enamoraste y te casaste. Agradece a Dios por tu cónyuge y tu familia. Recuerda lo que Dios hizo por ti.

Oración de hoy para alcanzar lo mejor de ti

Padre, sí necesito recordar tu fidelidad y bondad
hacia mí. Quiero pasar estos minutos dándote gracias
mientras recuerdo tus dones y favor en mi vida.

Pensamiento de hoy para alcanzar lo mejor de ti

Puedo confiar más plenamente cuando recuerdo lo que Dios hizo.

No te olvides de recordar

*Traigo a la memoria los tiempos de antaño: medito en todas tus
proezas, considero las obras de tus manos.*

—SALMO 143:5

CUANDO APRENDEMOS A RECORDAR LO BUENO QUE HIZO DIOS,
podemos permanecer en una actitud de fe y gratitud. Es difícil
quejarse, cuando piensas constantemente en lo bueno que Dios fue
contigo. Es difícil ser negativo y desviarse hacia la falta de fe, cuando
siempre hablamos de las bendiciones y el favor de Dios en nuestra vida.

Muchas veces olvidamos que Dios es el dador de todo lo bueno.
Dios es quien nos hizo tener "suerte". Es quien nos hizo estar en el
lugar indicado en el momento justo. ¿Cuántas veces estuviste en la
autopista diciéndote: "¡Wow! Casi choco. Un segundo más y tenia
un accidente"? Esa es la mano de Dios que te protegió. Entiéndelo,
no existe tal cosa como la coincidencia cuando tu vida es dirigida por
Dios. Si algo bueno te sucede, sé sensible, reconoce la obra de Dios y
aprende a recordarla a menudo.

"Si no fuera por la bondad de Dios no estaría aquí". Pero Dios
abrió un camino cada vez que parecía no haberlo. Y cada una de esas
ocasiones es un "monumento", de modo que no doy por sentadas esas
veces en que hizo grandes cosas y le doy gracias por ello.

Te aliento a llevar un diario, algo así como un cuaderno de notas.
Cuando suceda algo en tu vida y sepas que es Dios que está obrando,
¡anótalo! Sabrás que Dios abrió una puerta, ¡anótalo! Sabrás que Dios
salvó tu vida o que te habló en el corazón para que fueras en tal o cual
dirección ¡Anótalo! Estabas triste y deprimido, a punto de abandonar,
cuando Dios trajo a tu corazón un pasaje de Las Escrituras que te

levantó el espíritu, ¡anótalo! Lleva un registro continuo de las cosas buenas que Dios hace en tu vida.

· ·

Cuando Dios dirige tu vida, no existen las casualidades o coincidencias.

· ·

No hace falta que siempre sea algo grande. Quizás, para los demás sea una pequeñez o algo insignificante. Pero para ti, es Dios que guía tus pasos. Es posible que te encuentres inesperadamente con alguien y que te presente a otra persona que te lleve a un nuevo cliente. ¡Anótalo! O tal vez vas por la autopista, ves un cartel que te da una idea y la llevarás a la oficina provocando que a tu jefe le guste y que sea causa de un ascenso en tu carrera. Reconoce que es Dios quien está obrando y anótalo nuevamente.

Cada tanto, toma el cuaderno y lee todo lo bueno que Dios hizo en tu vida. ¡Te sentirás con más ánimo! Al recordar cómo Dios abrió tal puerta o cómo te protegió por allí, cómo te restauró por aquí, cómo te sanó en tal o cual momento, tu fe aumentará. En especial, durante los momentos difíciles cuando sientas la tentación de entregarte al desánimo, toma el cuaderno y léelo otra vez. Si lo haces, no pasarás ese día en desaliento y frustración. Sabrás que Dios tomó el de tu vida, que te lleva en la palma de su mano y cuida de ti.

Oración de hoy para alcanzar lo mejor de ti

Padre, sé que necesito tener a mano una lista con los monumentos que levantaste a lo largo del camino, para que pueda verla cada vez que me acosa el desaliento y la desesperanza. Esos son los momentos en que necesito recordar lo fiel que eres.

Pensamiento de hoy para alcanzar lo mejor de ti

¿Cuáles son los monumentos de mi vida que señalan a Dios?

Quién está al mando

Pasaje para que alcances lo mejor de ti: Filipenses 2:12-18

Pues Dios es quien produce en ustedes tanto el querer como el hacer para que se cumpla su buena voluntad.

—FILIPENSES 2:13

PARA LLEGAR A SER LO MEJOR DE TI, ES IMPRESCINDIBLE creer que Dios está al mando de tu vida. Mucha gente anda molesta y preocupada, intentando siempre entenderlo todo. ¿Cómo saldré de este problema? ¿Cómo logro que mi hijo cambie? ¿Cuándo me casaré? ¿Por qué no se concretan mis sueños?

No es así como Dios quiere que vivamos. Cuando confiamos en Él y creemos que está al mando, descansamos. Tenemos paz en el corazón y la mente. Dentro, sabemos que todo estará bien.

Muchas veces perdemos la paz y nos preocupamos, porque no vemos que suceda nada en las áreas por las que oramos, aquellas que nos mueven a la fe, por algo en especial. Mes tras mes, todo sigue igual. Año tras año, nada cambia. Tenemos que entender que Dios obra detrás de bastidores.

Él tiene predeterminado un brillante futuro para ti. Si corres el telón y espías aquel plano invisible, verás que Dios está peleando las batallas por ti. Verás a tu Padre celestial arreglándolo todo en tu favor. Verás cómo Dios se dispone a abrir una puerta, a presentarte una oportunidad. Estoy convencido de que si pudiéramos ver cómo Dios obra arreglándolo todo, no nos preocuparíamos. Nunca más sufriríamos a causa del estrés.

....

Dios obra en nuestras vidas detrás de bastidores.

....

El hecho es que todos tenemos dificultades. Todos tenemos en la vida cosas que pueden robarnos el gozo y la paz. Pero necesitamos aprender a entregarle todas estas cosas a Dios, diciendo: "Padre, confío en ti. Creo que estás al mando. Aunque no vea nada tangible, creo que estás obrando en mi vida, vas delante de mí, enderezas mis caminos y haces que esté en el lugar indicado en el momento justo".

Puede que quieras entenderlo o trates de resolver todos los problemas. Pero te sacarías un gran peso de encima y disfrutarías mucho más de la vida si aprendieras a renunciar al control y comenzaras a creer que Dios dirige tus pasos.

La Biblia nos recuerda: "según es en verdad, todo el tiempo La Palabra de Dios actúa en vosotros los creyentes". Observa que, no dice que Dios trabaja durante un rato, luego se toma vacaciones de dos o tres años y retoma su obra más tarde. Dios obra constantemente en tu vida. Esto significa que aunque no lo veas, Dios está arreglando todo en tu favor. Está poniendo a la gente indicada en tu camino.

Él mira mucho más allá, a años de hoy y arreglando, dejando todo perfectamente en orden, alineando las soluciones a problemas que aun no tomaste en cuenta. Tiene el cónyuge indicado para ti y los cónyuges indicados para tus hijas o esposas indicadas para tus hijos. Tiene las mejores oportunidades, las mejores puertas para abrirlas delante de ti. Dios obra constantemente detrás de bastidores en nuestras vidas.

"Estuve orando por mi hija durante dos años, pero no veo que pase nada. Creyendo en que mis finanzas mejorarán, pero sigo empeorando. Orando para que llegue la persona indicada a mi vida y pasaron cuatro años".

No. No sabes lo que hace Dios detrás de bastidores. No te desalientes porque no ves que nada suceda. Esto no significa que Dios no haga nada. De hecho, muchas veces Dios obra más cuando menos lo vemos.

Cuando pasamos por una de esas temporadas secas, en que no vemos que nada sucede, simplemente se trata de una prueba de fe. Tenemos que plantarnos con firmeza y mostrarle a Dios de qué material estamos hechos. Mucha gente se desalienta y se vuelve negativa: "Bueno, nunca me pasa nada bueno. No recuerdo que me sucediera algo bueno jamás. Sabía que nunca saldría de este lío".

Es un error. Bórratelo de la mente. Si quieres pasar la prueba, sonríe y di: "Quizá no vea que nada sucede, pero sé que Dios está obrando en mi vida".

"Es probable, que no vea mejoras en mi hijo. Pero es cuestión de tiempo. Yo y mi casa serviremos al Señor".

"Mis finanzas se ven igual, pero no me preocupo. Sé que estoy bendecido y nada podrá maldecirme. Sé que en el momento justo, cuando llegue la ocasión indicada, todo cambiará a mi favor".

Con este tipo de actitud veremos a Dios haciendo cosas grandiosas en nuestras vidas.

Oración de hoy para alcanzar lo mejor de ti

*Padre, creo que tú estás al mando. Y aunque no vea nada
tangible en este momento, creo que tú obras en mi vida, que
vas delante de mí, enderezando mis pasos torcidos y haciendo
que esté en el lugar indicado en el momento justo.*

Pensamiento de hoy para alcanzar lo mejor de ti

Yo y mi casa serviremos al Señor.

Detrás de escena

El Señor te cuidará en el hogar y en el camino, desde ahora y para siempre.

—SALMO 121:8

NTIÉNDELO, EL CREADOR DEL UNIVERSO ESTÁ OBRANDO EN tu vida. Tal vez haces lo mismo día a día, mes tras mes y año tras año, pero de repente te cruzas con alguien que te ofrece un nuevo empleo o se te ocurre una idea que te lleva a un nuevo nivel. Estás en el lugar indicado en el momento justo y conoces al hombre o la mujer de tus sueños. Dios trabaja en ello durante diez años quizá, arreglándolo todo y de repente, todo llegó en un instante. De repente, tu temporada buena comienza.

Años antes pensabas: "No pasa nada en mi vida. Seguro que jamás saldré de este problema". Y sin embargo todo el tiempo Dios obraba. Sucedían cosas detrás de bastidores.

. . . .

En este preciso instante Dios está arreglando las cosas a tu favor.

. . . .

Te ruego que no caigas en la trampa de arrastrarte por la vida sin gozo, sin entusiasmo y pensando que nada bueno va a pasar. Sacúdete eso y empieza a creer que ahora mismo, no dentro de dos semanas sino ahora, Dios obra en tu vida. Ahora mismo Dios está arreglando las cosas en tu favor. En este preciso instante Dios está peleando tus batallas, enderezando tus caminos torcidos.

Quizás no lo veas hoy, pero la clave está aquí: cada día que vives con fe y esperanza, es un día que te acercas a ver lo que sucederá. Si no pasa hoy, piensa: "No importa. Tal vez suceda mañana. Y si no, pasado mañana. Sea cuando sea que suceda o no, no me robará mi gozo. No viviré en frustración. Sé que Dios está al mando y que en el momento justo va a suceder. Mientras tanto, reposaré y disfrutaré de mi vida". Tienes que creer que Dios está al mando. Cree que Dios obra detrás de bastidores en tu vida.

La Biblia dice: *"Según es en verdad, la palabra de Dios, la cual actúa en vosotros los creyentes"* (ver 1 Tesalonicenses 2:13 RVR60). Observa esto: Su poder se activa cuando creemos. Dios puede obrar por ti toda la vida y jamás obtendrás todos los beneficios de ello, solo porque no creíste.

Claro que quizás obtengas algo bueno aquí o allá, pero cuando crees de verdad, cuando te levantas cada día esperando lo bueno, verás más del favor de Dios. Verás lo que Él hizo detrás de bastidores.

Oración de hoy para alcanzar lo mejor de ti

Padre, ¡gracias por tu abundante vida! ¡Gracias porque puedo reposar sabiendo que tú estás al mando! ¡Gracias porque tus sorpresas y tu fidelidad no acaban jamás!

Pensamiento de hoy para alcanzar lo mejor de ti

Cada día que vivo con fe y expectativa me lleva más cerca de ver cómo recibo el favor de Dios en mi vida.

Atrévete a confiar

Pasaje para que alcances lo mejor de ti: Hebreos 13:1-8

Dios ha dicho: "Nunca te dejaré; jamás te abandonaré".
—HEBREOS 13:5

ATRÉVETE HOY A CONFIAR EN DIOS. ATRÉVETE A CREER que aun en tu desaliento y dolor, Dios está allí contigo. Dijo que jamás te dejará, ni te abandonará.

No tienes por qué entenderlo o resolverlo todo. No sabes que te depara el futuro. Pero cuando sepas quién tiene tu futuro en sus manos, todo estará bien. Dios trabajo detrás de los bastidores de tu vida durante años.

No sé qué tiene reservado Dios para mi futuro, pero me entusiasma. Cuando pienso que Dios creó los cielos y la tierra, puso a las estrellas en su órbita en el espacio, pienso que se interesa por ti y por mí y nos ama tanto, que constantemente obra para nuestro bien, siento más energía al andar.

Saber que Dios es más grande que cualquier cosa que tengas que enfrentar, y saber que Él está poniendo en su lugar las respuestas a problemas que ni siquiera imaginas o que sucederán en diez o veinte años más, tiene que darte increíble confianza para disfrutar de la vida en este momento.

. . . .

Cuando crees, estás activando su poder.

. . . .

Cualquiera sean tus circunstancias, buenas o malas, tienes que saber que Dios ya las conoce y que está obrando para arreglar en tu favor lo que acontezca en el futuro. Aprende a confiar en Él. Deja de preocuparte. Rechaza todo lo que te dé indicios de frustración o impaciencia.

Recuerda que cuando crees estás activando su poder. Y recuerda que sólo porque no ves cómo sucede esto, no significa que Dios no obre. Renuncia al control y di: "Dios, voy a confiar en ti. Sé que tienes un gran plan para mi vida".

Cuando lo hagas, sentirás que te quitas un enorme peso de encima. Y no sólo disfrutarás más de la vida, sino que verás más de las bendiciones y el favor de Dios. ¡Serás lo mejor de ti!

Oración de hoy para alcanzar lo mejor de ti

Padre, voy a atreverme a confiar en ti en cosas nuevas.
Voy a empezar a dejar las cosas en tus manos, esas que
creí poder controlar. Y voy a esperar lo bueno de ti.

Pensamiento de hoy para alcanzar lo mejor de ti

No sé qué tiene Dios reservado para mi futuro ¡pero me entusiasma!

Sexta Parte

DESARROLLA TU
VIDA INTERIOR

Tierras más altas

Pasaje para que alcances lo mejor de ti: Santiago 4:1-10

Humíllense delante del Señor, y él los exaltará.
—SANTIAGO 4:10

E L PLAN DE DIOS PARA LA VIDA DE CADA UNO, ES QUE CADA vez nos elevemos más alto, a niveles nuevos. Pero, la altura que alcancemos, lo mucho o poco que experimentemos de las bendiciones y el favor de Dios, estarán directamente relacionado con lo mucho o poco que le sigamos.

Una de las formas en que Dios nos guía es por medio de nuestra conciencia. Tal vez estés a punto de tomar una decisión y sientas dentro que se enciende una alarma. Estás inquieto, incómodo. Algo te dice: "Espera. No hagas eso".

Esa guía interior puede ser la voz de Dios que te habla y te guía. Sé obediente a esa vocecita. A lo largo de la vida Dios nos disciplina y echa luz sobre las cosas que tenemos que mejorar. Él sabe qué cosas nos están impidiendo llegar. Conoce nuestras debilidades, defectos y los secretos que mantenemos ocultos. Cuando logra que prestemos atención a estas cosas, si queremos tener éxito y bendiciones, tenemos que disponernos a enfrentar la verdad respecto de nosotros y obedecer a la corrección que Dios manda.

Muchas personas no ven lo importante que es ocuparse de los temas de Dios. En consecuencia, quedan atascados en una rutina: la rutina en su matrimonio, o en sus finanzas, o en su carrera profesional. Barren el polvo debajo de la alfombra, como si no importara, esperando que nadie lo note. Y todo el tiempo son indiferentes a lo que les dice la vocecita.

A veces pensamos: "Es muy difícil obedecer mi conciencia. Sé que tendría que perdonar a esa persona, pero me ofendió tanto. Sé que tendría que ocuparme de mi salud y hacer ejercicio, pero no tengo tiempo. Tengo que dejar de trabajar tantas horas, pero necesito el dinero extra".

Es importante entender que todo lo que Dios nos dice es para bien de nosotros. Dios jamás escatima o mezquina. Tampoco nos dificulta las cosas a propósito. Por el contrario, tu padre celestial esperara tu obediencia para derramar más sobre ti de su favor y bendiciones.

¿Hay cosas en tu vida, que Dios te señala pero que estuviste postergando? Quizá pienses que no tienes tiempo o ignoras su guía en cuanto a poner en orden tus cuentas o en cuanto a no juzgar tanto a los demás, o alejar la pelea de tu hogar o mantener la paz con tus compañeros de trabajo. Presta atención a lo que Dios te dice.

....

Cada vez que obedeces, llegará una bendición más.

....

Tal vez Dios te marco algo con respecto a tus amigos más cercanos, esa gente con la que pasas tanto tiempo. Es posible que tengas amigos que no son buena influencia para ti, que te hunden, pero buscas excusas: "No quiero herir sus sentimientos. Además, si dejo de verlos no tendré amigos".

El hecho es que si haces bien lo que sabes, Dios te dará amigos nuevos. Y no solo eso. Te dará amigos mejores, gente que te edificará y elevará en lugar de hundirte. Sí, quizá pases por una temporada de soledad mientras haces la transición, pero es preferible que estés solo por un tiempo sabiendo que vas más alto y que podrás cumplir con tu destino antes que permitir que te contaminen e impidan ser todo aquello para lo que Dios te creó.

Cada vez que obedeces, llega una bendición más. ¿Por qué? Porque estás sembrando una semilla que germinará y crecerá. No sucederá de la noche a la mañana, pero en algún punto del camino verás la bondad de Dios en tu vida en mayor medida.

Oración de hoy para alcanzar lo mejor de ti

Padre, aquí está mi vida, como libro abierto. Señala las cosas
que me impiden ver y recibir todo lo que tienes para mí.
Ayúdame a apartarme de todo lo que no te agrade.

Pensamiento de hoy para alcanzar lo mejor de ti

Para poder ir más alto tengo de soltar todo lo que me mantiene abajo.

Llega más alto aun

Pasaje para que alcances lo mejor de ti: 1 Reyes 19:1-18

Tras el terremoto vino un fuego, pero el Señor tampoco estaba en el fuego. Y después del fuego vino un suave murmullo.

—1 REYES 19:12

TE PREGUNTO LO SIGUIENTE: ¿QUÉ TAN ALTO QUIERES LLEgar? ¿Quieres seguir creciendo? ¿Quieres ver más del favor y las bendiciones de Dios? Si es así, cuanto más alto llegamos, más disciplinados tenemos que ser. Más rápido debemos obedecer. Si te juntas con personas que no tienen integridad, que son infieles en sus matrimonios, estás buscando problemas.

"Pero Joel, son buena gente y su conducta no me afecta. No me daña en lo más mínimo".

Te equivocas. No sabes hasta qué punto te impiden crecer las compañías de estas personas. No sabes qué quiere darte Dios y no lo hará hasta que te alejes de estas influencias negativas.

Si haces lo que Dios manda, verás su favor de manera nueva y toda tu vida se elevará a un nuevo nivel, más alto.

Entiende que, cuando más posterguemos el ocuparnos de las áreas de nuestro carácter, más difícil será. Te irá mejor si aprendes a obedecer cuando Dios te señala algo, lo antes posible. Cuando sientas inquietud interna, un timbre de alarma que te dice: "Esto no está bien" haz lo que falte para alejarte de esa acción, comentario o actitud. Puede que Dios esté hablándote e intentando mantenerte en su mejor camino para tu vida.

Dios nos dio libre albedrío. No obliga a hacer lo correcto. Ni a tomar las mejores decisiones. De cada uno depende prestar atención a esa vocecita interna. Al mismo tiempo, no tenemos que ocuparnos tanto de nosotros, como para que nos pase lo que Dios está intentando decirnos. Aprende a actuar según su guía.

Las instrucciones de Dios, por lo general, afectan los aspectos más prácticos de nuestras vidas. Hace poco, una joven me dijo que sentía, de manera muy potente, que tenía que ir a ver al médico para hacerse un examen general. Se veía muy saludable y muy activa, con energía. Además, hacía ejercicio con regularidad, pero este sentimiento que tenía no desaparecía: "Ve a ver al médico. Hazte un examen general".

....

Dios no nos obliga a tomar buenas decisiones.

....

La vocecita le hablo, durante semanas, la ignoró y lo postergó. "Estoy perfectamente bien. Ese mensaje no es para mí".

Pero no se alejó la vocecita. Finalmente decidió consultar a su médico y durante la revisión de rutina, el doctor descubrió que tenía un quiste, que al analizarlo demostró ser maligno. Gracias a Dios logró operárselo y quitarlo por completo porque no se extendió. La joven no necesitó tratamiento posterior. Pero después de la operación el médico le dijo: "Fue bueno que vinieras, porque dentro de unos años, esto sería un problema serio, incluso con peligro para tu vida".

La mujer estaba muy agradecida y luego me dijo: "Joel, sé que fue Dios. No hubiera ido a ver al médico si no fuera por esa vocecita que Dios usó con tanta insistencia".

Tenemos que prestar atención a esa vocecita. Dios sabe qué es lo mejor para nosotros.

Oración de hoy para alcanzar lo mejor de ti

Padre, quiero tener oídos para escuchar tu voz. Sé que
tengo que prestar atención. Gracias porque estás dispuesto
a hablarme a través de tu Palabra y en mi vida.

Pensamiento de hoy para alcanzar lo mejor de ti

¿Estoy prestando atención a la voz de Dios, que resuena quieta y callada?

Vuelve a la autopista de Dios

Pasaje para que alcances lo mejor de ti: Salmo 51:1-19

*Devuélveme la alegría de tu salvación; que un espíritu obediente
me sostenga.*

—SALMO 51:12

PUEDES HACER MUCHAS COSAS Y SALIRTE CON LA TUYA. PUEdes andar con malas compañías y aun así, ir al cielo. Puedes tratar a la gente sin respeto o ser deshonesto en tus negocios y vivir en relativo confort. Pero estoy hablando aquí de ir más alto. Estoy hablando de llegar a ser lo mejor que puedas ser.

Muchos se preguntan por qué no son felices, por qué no reciben bendición o aumentan su influencia y no duermen bien por las noches. Muchas veces es porque su conciencia no está en paz. No podemos sepultar cosas en el subconsciente y llegar más alto y disfrutar de lo mejor que Dios tiene para nosotros.

Cuando el Rey David cometió adulterio con Betsabé, intentó cubrir lo que hizo. Empeoró las cosas enviando al marido de Betsabé al frente en la batalla y luego ordenó a su general que retrocediera, lo cual dio como resultado una muerte segura. Durante un año entero, David fingió que todo estaba bien y siguió con su vida y sus asuntos. Sin duda, pensó: "Si no me ocupo, si lo ignoro, no me molestará ni me afectará".

Pero fue el peor año de su vida. Se sentía muy mal. Las Escrituras dicen que también estaba físicamente débil, enfermo y con todo tipo de problemas. Esto es lo que pasa cuando nos negamos a cambiar situaciones y sabemos que debemos cambiar. Nos apartamos de la protección y el favor de Dios. Vivimos con la conciencia culpable y no nos sentimos bien con nosotros, así que nos desquitamos con alguien más.

Muchas veces, como David, estamos débiles, derrotados y vivimos en la mediocridad. Es porque el veneno sigue dentro.

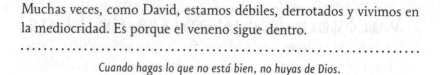

Cuando hagas lo que no está bien, no huyas de Dios.

Amigo, amiga, no hay por qué vivir así. Nuestro Dios es un Dios de perdón y misericordia. Cuando cometes un error no tienes que ocultarlo. Cuando hagas el mal, no escapes de Dios. En cambio, corre hacia Él.

Después de vivir un año en negación, el rey David finalmente admitió su pecado y sus errores cuando un profeta lo confrontó con lo que hizo. David dijo: "Dios, perdóname. Te ruego perdón. Crea en mí un corazón limpio y restáurame el gozo de mi salvación".

Cuando David hizo esto con sinceridad, Dios lo restauró. Así David recuperó su gozo, su paz y victoria, aunque pecó, logró cosas grandiosas.

Ahora, piensa en esto: David se atascaba allí, en la derrota y la mediocridad durante el resto de sus días, sólo por negarse a cambiar u ocuparse de algo que debía hacer. Pero eligió cambiar y Dios lo ayudó a hacerlo.

¿Hay cosas en tu vida que estás negándote a cambiar? Cuando pides perdón Dios puede restaurarte. Él vuelve a ponerte en tu mejor camino. Entonces es cuando te da un nuevo comienzo.

Recuerda que Dios se ocupa de cada uno de nosotros de manera individual. Todos estamos en niveles diferentes, así que no tenemos que compararnos con otras personas. Muchas veces cuando nos comparamos, buscamos excusas para lo que hacemos. Por ejemplo, quizá todos tus amigos ven una película, pero leíste la crítica y no te sientes cómodo al respecto. Sabes que no es lo mejor que Dios tiene para ti. Tu alarma suena y tu conciencia te advierte: "Eres mejor que eso. No ensucies tu mente a propósito".

Allí tienes una oportunidad para ir más alto. Claro que puedes acallar tu conciencia diciendo: "Oh, no me hará nada. Soy fuerte y además todos mis amigos aman a Dios. Van a la iglesia. Son gente buena. Y van a ver la película".

No. Quizá tus amigos estén en una etapa diferente de su andar espiritual. O quizá ignoren la voz de Dios que les habla. Obtendrían más bendición si dejaran de ceder y vivir a un nivel tan bajo. Tienes que hacer lo que tu corazón te indica. Quizá te cueste un par de amistades. O significa que pases a solas un par de noches. O que no puedas jugar en ese equipo que sale de parranda después de cada juego. Pero recuerda que todo lo que Dios te diga que hagas será para tu beneficio. Es para que pueda derramar más de su favor en tu vida.

Además, cada vez que Dios nos pide algo, también nos da la gracia que nos permite hacerlo. Si Dios te dice que perdones a alguien, tal vez pienses que no puedes, pero si das ese paso de fe la gracia de Dios estará allí para ayudarte. Claro que no obtendrás la gracia si no das el primer paso. Tienes que moverte primero. Dios verá el paso de fe y te dará fuerza sobrenatural para ayudarte a vencer todo obstáculo que se interponga en tu camino a la obediencia.

Oración de hoy para alcanzar lo mejor de ti

Padre, sé que eres el gran restaurador. Así como lo hiciste
por David, también por mí lo hiciste. Ayúdame a acudir
a ti cada vez que falle. Tú eres mi esperanza.

Pensamiento de hoy para alcanzar lo mejor de ti

Dios me otorgará su gracia para que pueda hacer lo que Él quiere que haga.

Con conciencia tierna

Pasaje para que alcances lo mejor de ti: 1 Timoteo 1:5-19

Y mantengas la fe y una buena conciencia. Por no hacerle caso a su conciencia, algunos han naufragado en la fe.

—1 TIMOTEO 1:19

A MENUDO SE DICE QUE LA CONCIENCIA ES LA BRÚJULA DEL alma. Es porque funciona como monitor interno, casi igual que una alarma. Cuando estás a punto de hacer algo que no será de beneficio o que te meterá en problemas, tu conciencia hace que te sientas incómodo. No ignores sus advertencias. Es tu conciencia la que te ayuda a saber lo que está bien y lo que está mal. Tu propia conciencia es uno de los mejores amigos que puedas tener.

Podríamos evitar muchos problemas si mantuviésemos a nuestra conciencia en un estado de sensibilidad. Una conciencia más tierna. Muchas veces escucho que dicen: "Sé que no tendría que hacer tal cosa, pero..." o "Sé que está mal que lo diga, pero...". "Sé que no debiera comprarlo, pero ...".

Saben lo que deben hacer. La alarma suena y se los indica. Pueden sentir la desaprobación, pero eligen desobedecer a su propia conciencia. Algún día, mirarán atrás y reconocerán cómo Dios intentó advertirles una y otra vez.

No cometas el error de amordazar a tu conciencia. Respétala. Así como respetas a tu jefe o a alguien que tiene autoridad sobre ti, aprende a tratar a tu conciencia de la misma manera. Dios utilizará tu conciencia para guiarte y mantenerte alejado de los problemas. Tal vez converses con tu esposa y de repente, surja un tema sobre el que no están de acuerdo. Te sientes ofendido y quieres discutir,defendiendo tu argumento, pero entonces suena la alarma interior. Algo dentro de ti dice: "Déjalo pasar. No hables más. Muérdete la lengua. Apártate. Mantén la paz".

···

No cometas el error de ignorar a tu conciencia.

···

Esa es tu conciencia que intenta mantenerte alejado de los problemas. Es Dios que trata de advertirte. Muchas veces, ignoramos a nuestra conciencia y elegimos seguir por nuestra cuenta.

Terminamos con una gran discusión, muy enojados y el resto del día se arruinó y lo pudimos evitar prestando atención a lo que nos decía nuestra conciencia.

Amigo, amiga, aprende a ser sensible. Detente cuando tu conciencia te lo indique. No quieras tener la última palabra. Presta atención a lo que sientes y no amordaces a tu conciencia.

Si algo dentro de ti te hace sentir incómodo, detente y presta atención a lo que Dios intenta decirte. Tal vez sea en medio de una conversación, cuando suena la alarma interior y sabes que tienes que cerrar la boca o alejarte. No ignores las advertencias de tu conciencia. Es posible que estés a punto de comprar algo, comer algo o de ejecutar un plan que no es nada noble y entonces suena la sirena interna. Si aprendes a ser sensible y a escuchar a tu conciencia, Dios te mantendrá alejado de los problemas. Te ayudará a tomar buenas decisiones. Él puede protegerte del peligro.

Oración de hoy para alcanzar lo mejor de ti

Padre, gracias por mi conciencia. Es mi sistema de alarma contra el peligro. Ayúdame a escuchar esa sirena con más atención. Y gracias por todas las formas en que me hablas.

Pensamiento de hoy para alcanzar lo mejor de ti

*Mi conciencia es una de las carteleras que Dios puso
en mi vida para recibir Sus mensajes.*

El ritmo del cambio

Pasaje para que alcances lo mejor de ti: 1 Timoteo 4:12-16

Sé diligente en estos asuntos; entrégate de lleno a ellos, de modo que todos puedan ver que estás progresando.

—1 TIMOTEO 4:15

ENTIENDE QUE CUANDO VIVES EN OBEDIENCIA, LAS BENDICIO- nes de Dios caerán sobre ti y te llenarán por demás. Cuando obedeces no puedes escapar a las cosas buenas de Dios.

Dios no espera que cambies de la noche a la mañana. No va a sentir que le decepcionas, ni a tacharte de su lista si no cambias en una se mana. No. Lo único que te pide es que sigas adelante, progresando. No quiere que el año que viene sigas en el mismo lugar. Te guiará con su manera tan especial, y si eres sensible y te esfuerzas por mantener libre tu conciencia, agradarás a Dios y Él derramará más de sus bendiciones sobre tu vida.

Dios viene a nuestro encuentro, a nuestro nivel. No tengo que seguirte el paso, ni tú a mí. Sólo tengo que ser fiel a mi corazón. Sé en cuales áreas Dios me llama la atención con mayor frecuencia y me esfuerzo por no contrariar a mi conciencia. Te desafío a que hagas lo mismo.

Un joven compañero en la universidad, tenía el hábito de ser corto y distante con los demás. Hasta era maleducado en ocasiones. Un día estábamos con un grupo de muchachos de la universidad en un restaurante y el camarero cometió un error con su orden. Mi amigo se quejó, muy enojado y le dijo muchas cosas horribles, haciéndole pasar vergüenza delante de todos.

Cuando volvimos al dormitorio en la universidad, mi amigo llamó a mi puerta y me preguntó si le prestaba el auto. "Claro que sí. ¿Pero dónde vas a estas horas de la noche?". "Joel, me siento tan mal", dijo. "Traté muy mal a ese camarero y no puedo dormir. Tengo que volver al restaurante para disculparme con él".

Le tomó un año cambiar de actitud. De ser frío, maleducado y duro, pasó a ser una de las personas más amables y consideradas que conozco. Dios te ayudará a cambiar si tan solo trabajas junto con Él.

No somos perfectos. Nadie lo es. Todos cometemos errores, pero podemos aprender a obedecer a nuestras conciencias, si logramos ponernos a la altura de decir: "Lo siento. Te traté mal. Lo haré mejor la próxima vez".

....

Cuando vives en obediencia las bendiciones de Dios caerán sobre ti y te llenarán por demás.

....

Si eres sensible y mantienes limpia tu conciencia, no hay límite para lo que Dios puede hacer en tu vida. Por el contrario, cuando tienes la conciencia culpable, no te sientes bien contigo. No eres feliz.

No puedes orar con coraje y te sientes condenado. No esperas nada bueno y, por lo general, tampoco lo recibes. En ese punto lo mejor que harás es volver atrás y corregir las cosas. Como ese joven, trágate tu orgullo y disponte a obedecer. Discúlpate ante quienes ofendiste. No vivas con una conciencia llena de culpas.

O quizá tengas que decir: "Dios, lo siento. Por favor perdóname por ser tan crítico con esa persona".

Si lo haces, tu conciencia reposa. No siente ese peso que le oprime. Y puedes dormir bien. No solo eso, sino que la próxima vez, Dios te ayudará a comportarte mejor.

Oración de hoy para alcanzar lo mejor de ti

Padre, cuento contigo para tener el coraje que me permita corregir lo que hago mal. Usa mi conciencia para alertarme sobre las ocasiones en que ofendo a los demás y ayúdame a disculparme cuanto antes. Gracias por guardar mis caminos.

Pensamiento de hoy para alcanzar lo mejor de ti

No alcanzo la perfección, pero Dios me está ayudando a progresar

Con la conciencia limpia

Pasaje para que alcances lo mejor de ti: Mateo 6:19-24

El ojo es la lámpara del cuerpo. Por tanto, si tu visión es clara, todo tu ser disfrutará de la luz.

—MATEO 6:22

HACE AÑOS, DESPUÉS DE UNO DE LOS SERVICIOS EN LA IGLE-sia, mi padre vino al área de producción en la televisión. Estaba reunido con cuatro o cinco de los miembros del personal y cuando mi padre entró nos reíamos muy divertidos. Pasó algo gracioso y, por algún motivo, papá pensó que nos burlábamos de alguien de la iglesia. Pero no era así.

Ahora, quiero decirte que mi padre por lo general era una persona muy amable y compasiva, pero parece que este incidente lo hizo enojar. Empezó a retarnos, a decirnos que no debíamos burlarnos de nadie y un largo etcétera. Le dije: "Papá, no tiene nada que ver con burlas. Nos reíamos de otra cosa".

No aceptó mi explicación. Se fue y, claro está, con los muchachos nos sentimos muy mal por el malentendido. Cuando llegué a casa esa noche, horas después, mi padre entró en mi habitación y dijo: "Joel, hoy estallé. Sé que me equivoqué. Te pido que me perdones. Discúlpame, por favor".

Antes de llegar a casa, mi padre llamó esa noche a cada uno de los muchachos para disculparse con ellos también. Casi era la medianoche, pero él no se iba a la cama porque ese peso le oprimía el corazón.

¡Qué impresión dejó en mí este incidente! ¡Y también en los demás! Mi padre era el jefe, pero no era tan orgulloso como para admitir que se equivoco y que necesitaba que lo perdonaran. Verás, mi padre tenía una conciencia tierna. No me extraña que Dios lo bendijera tanto y que Dios lo usara de manera tan grandiosa.

Si aprendemos a mantener un corazón puro, sensible a obedecer enseguida, a perdonar pronto y a pedir perdón, cambiando nuestras actitudes de inmediato, estaremos agradando a Dios.

Vive tu vida con una conciencia limpia. Entra en el mejor plan que Dios tiene para ti. Las Escrituras dicen en Mateo 6.22 que los ojos son las lámparas de nuestros cuerpos. Tu "ojo espiritual" es tu conciencia. Jesús dice también que si los ojos están limpios, todo el cuerpo está lleno de luz. Es decir que si tu conciencia está limpia la vida es buena. Serás feliz. Tendrás una visión positiva y disfrutarás de las bendiciones de Dios.

· ·

Si tu conciencia está limpia, la vida es buena.

· ·

El siguiente versículo, en cambio, describe a muchas personas de nuestros días. En la versión amplificada en inglés, dice: "si nuestra conciencia está llena de oscuridad, entonces cuán densa será esa oscuridad". Mucha gente vive hoy con un peso que pende sobre sus vidas. Tienen un sentimiento que les acosa, algo que les molesta siempre. No son felices. El problema es que no tienen la conciencia limpia. Ignoraron sus advertencias durante demasiado tiempo. Se volvieron duros y fríos en determinadas áreas.

Esa insensibilidad no cambiará hasta tanto cambies lo que tengas que cambiar. Si hay cosas que haces y que sabes que no tienes que hacer, entonces cambia. O si hay cosas que sabes que tendrías que hacer y no estás haciendo, entonces cambia también. Como dije, tal vez no sea algo grande. Es posible que no vivas en sórdido pecado, pero quizá Dios te advierte en cuanto a tener una mejor actitud, en cuanto a pasar más tiempo con tus hijos o con respecto a la comida que comes y que no es sana.

No importa qué sea, toma la decisión de prestar más atención a tu conciencia y obedecer con mayor destreza. Entonces ese peso se levantará. Me gusta lo que dijo el apóstol Pablo en Hechos 23: *"con toda buena conciencia he vivido delante de Dios hasta el día de hoy"*.

Ese también deberá ser nuestro objetivo. Cuando nuestra conciencia está en paz, la condenación huye. Cuando nuestra conciencia está
limpia, podemos ser felices. Otros nos juzgaran y condenaran,pero
esas cosas negativas directamente rebotarán sin afectarnos.

Algunas personas me dicen: "Joel ¿por qué no haces más de tal
cosa o de tal otra?". Sé que no soy perfecto, pero también sé lo siguiente: "vivo con la conciencia limpia ante Dios". Sé que me esfuerzo
y hago todo lo que puedo por agradarle. Por eso duermo tranquilo por
las noches. Reposo en paz y sonrío. Amigo, amiga, mantén tierna tu
conciencia y descubrirás que la vida es cada vez mejor.

Oración de hoy para alcanzar lo mejor de ti

*Padre, quiero que mi conciencia siempre esté limpia delante
de ti. Cuando se nubla, quiero despejarla y limpiarla. Gracias
por el don del perdón, que limpia mi conciencia.*

Pensamiento de hoy para alcanzar lo mejor de ti

*La sensibilidad hacia los demás mantendrá mi
conciencia con visión perfecta.*

Raíz de amargura

Pasaje para que alcances lo mejor de ti: Hebreos 12:14-17

Asegúrense de que nadie deje de alcanzar la gracia de Dios; de que ninguna raíz amarga brote y cause dificultades y corrompa a muchos.
—HEBREOS 12:15

HAY MUCHAS PERSONAS QUE NUNCA SE MIRAN POR DENTRO Y que nunca se sinceran consigo mismos. No llegan a la raíz del problema y solamente se ocupan del fruto, de lo superficial. Pueden ser negativos y entonces sus relaciones no prosperan. O tendrán baja autoestima, problemas económicos o alguna otra dificultad crónica. Tratan de mejorar su conducta y eso es admirable, pero muchas veces sus esfuerzos solo dan resultados temporarios porque se niegan a tratar con la raíz que causa el mal. En consecuencia, producen mal fruto.

La Biblia enseña que no debemos permitir que la raíz de la amargura prospere y contamine nuestras vidas por completo. Es como cuando quitamos las malezas en el jardín. Si arrancas la maleza cortándole las hojas, en realidad no llegaste a la raíz y días después al ver el jardín verás que brotaron nuevamente.

Para lograr cambios perdurables y positivos, tienes que ir más profundo y no ver sólo lo que haces, sino preguntarte: "¿Cuál es la raíz de este problema?", "¿Por qué actúo así?", "¿Por qué me descontrolo en esta área?", "¿Por qué estoy siempre a la defensiva?", "¿Por qué siento que todo el tiempo tengo que probarme delante de todos?".

Sólo cuando llegues a la raíz y te ocupes de la causa del problema podrás esperar cambios realmente positivos.

....

Mientras sigan con esa mala raíz, seguirán produciendo el fruto equivocado.

....

Tenemos que examinar con cuidado las áreas en las que tenemos dificultades continuas. ¿Tiene de verdad la culpa el otro? ¿Son nuestras circunstancias, el entorno, nuestra crianza? ¿O puede ser que tengamos algo enterrado tan profundo que nos "infecta"?

Esto es de especial importancia en las relaciones. Mucha gente tiene una raíz de rechazo porque pasó por cosas duras. Alguien los lastimó y en lugar de dejarlo pasar, se aferraron a ello. Esta amargura envenena todas las áreas de sus vidas.

Conozco personas que tienen una raíz de inseguridad que los deja siempre a la defensiva. Siempre tratan de probarles a los demás quiénes son. Mientras sigan con esa mala raíz, seguirán produciendo el fruto equivocado.

Muchas veces parece que no nos llevamos bien con alguien en particular y estamos seguros de que la culpa la tiene el otro. Estamos seguros de que es él o ella, nuestro jefe o nuestros compañeros. Pero espera. ¿Podrías ser tú el problema? ¿Puede ser que tengas dentro una raíz de orgullo que te impide perdonar o que te ciega a la opinión ajena? Tratamos de corregir todo esto en la superficie, pero será igual a lo que hacía el hombre que vendaba la pata del caballo. El problema volverá una y otra vez hasta que nos ocupemos de la raíz y de la verdadera causa.

Oración de hoy para alcanzar lo mejor de ti

Padre, gracias por la verdad, que no me permite quedar en el pantano de solucionar únicamente los síntomas de un problema, para poder llegar a la raíz. Sé que me darás las fuerzas que necesito para cambiar.

Pensamiento de hoy para alcanzar lo mejor de ti

Todo lo puedo en Cristo que me fortalece.

Abre esas habitaciones selladas

Pasaje para que alcances lo mejor de ti: 1 Corintios 10:1-13

No quiero que desconozcan, hermanos, que nuestros antepasados estuvieron todos bajo la nube y que todos atravesaron el mar... Sin embargo, la mayoría de ellos no agradaron a Dios, y sus cuerpos quedaron tendidos en el desierto.

—1 CORINTIOS 10:1, 5

DEBEMOS QUE ENTENDER QUE LA MAYORÍA DE NUESTROS PRO-blemas tienen raíces más profundas. Quizá nos asombre, cuántas cosas nos afectan de manera negativa e intentamos resolver el problema ocupándonos solo del fruto, de las cosas superficiales y lo hacemos durante años como si estuviéramos en la noria, pasando por lo mismo una y otra vez.

Los hijos de Israel hacían algo parecido. Vagaron por el desierto entre Egipto y la tierra prometida durante cuarenta años, en un viaje que duraba solo once días. La raíz de su problema era que adoptaron una mentalidad de víctimas.

Sí, es verdad que sufrieron mucho, los malos tratos durante la última parte de su estadía en Egipto, que fueron esclavizados y pasaron por experiencias dolorosas e injustas. Ese dolor interno siguió, aun cuando Dios les libro milagrosamente de la esclavitud.

Ya en el desierto culpaban a Moisés por la falta de agua y alimento. Culpaban su pasado, se quejaban de la comida y tenían miedo de sus enemigos. Jamás se les ocurrió pensar en que ellos mismos formaban parte del problema. A causa de su poca fe, seguían dando vueltas alrededor de la misma montaña, año tras año, sin progresar en ningún momento.

Es posible que estés atascado en el mismo lugar en tu vida y que duró demasiado tiempo. Tal vez sea en un matrimonio agriado o en una profesión que es un callejón sin salida. O quizá estés en un pantano de deudas o de actitudes negativas, sin saber llevarte bien con nadie, siempre a la defensiva, siempre con actitud crítica.

Es hora de levantarte y avanzar. Nuestra oración debe ser: "Dios, por favor muéstrame cómo soy de verdad. No quiero estar en este mismo lugar el año que viene, así que, si hay cosas que impidan mi progreso, te pido que me las muestres. Ayúdame, Padre, a cambiar. Ayúdame a llegar a la raíz de mis problemas".

Dios llama a la puerta de nuevas habitaciones en nuestros corazones. Quizá sean habitaciones donde antes nunca le permitimos entrar. La única forma en que puede entrar es por invitación nuestra.

El picaporte está del lado de adentro. Descubrí que puedo permitir que Dios entre en ciertas habitaciones de mi corazón, manteniéndolo fuera de otras. Algunas de las habitaciones son dolorosas o causan vergüenza, porque ocultan dolores y heridas del pasado. Allí es donde ocultamos nuestros defectos y falencias. En lugar de tratar con el problema y limpiar los rincones de esas habitaciones, las mantenemos cerradas con llave. Presentamos excusas para nuestra conducta o culpamos a otros. Y a veces culpamos a Dios.

· ·

Seguían rodeando la misma montaña, año tras año, sin avanzar.

· ·

"Es que soy así, nada más", dirán algunos. Dios sigue llamando a la puerta. Si queremos llegar a la causa, tenemos que mirar hacia adentro. Tenemos que permitir que Dios derrame su luz, la de Su Palabra, dentro de cada una de las habitaciones de nuestros corazones.

Cuando sentimos algo y sabemos que está mal, en lugar de ocultarlo y esconderlo en una de estas habitaciones lo mejor por hacer es sincerarnos y preguntar: "Dios ¿por qué siento esto?", "¿Por qué no puedo llevarme bien con mi cónyuge?", "¿Por qué trato de manipular a todos?", "¿Por qué quiero que todo se haga a mi modo?", "¿Por qué me enojo con tanta facilidad?".

Si te sinceras y te dispones a enfrentar la verdad en lugar de esconderte detrás de las excusas, Dios te mostrará las respuestas a estas preguntas. Cuando comiences a actuar según esta verdad, te elevarás más.

Si eres impaciente, sincérate y di: "Dios, muéstrame por qué soy tan impaciente. Y luego por favor ayúdame a cambiar esto".

Si sientes resentimiento hacia alguien, o sueles criticarle todo y encontrarle fallas, lo primero que tienes que hacer es orar: "Por favor, Dios, muéstrame por qué no me gusta esta persona. ¿Qué es lo que está mal en mi interior?".

"Dios, ¿siento celos de su posición, de su dinero o de su talento? Dios, por favor muéstrame la verdad con respecto a mí. No quiero seguir dando vueltas alrededor de la misma montaña por otro año más. Quiero llegar más alto. Quiero entrar en mi tierra prometida".

Oración de hoy para alcanzar lo mejor de ti

Dios, por favor muéstrame la verdad acerca de mí. No quiero estar en este mismo lugar el año que viene, de modo que si hay cosas que me impiden avanzar, te pido que me las muestres. Ayúdame a cambiar, padre. Ayúdame a llegar a la raíz de mis problemas.

Pensamiento de hoy para alcanzar lo mejor de ti

Con ayuda de Dios puedo evitar quedar en la noria.

Establece un nuevo parámetro

Pasaje para que alcances lo mejor de ti: Lucas 9:51-62

"Jesús le respondió: Nadie que mire atrás después de poner la mano en el arado es apto para el reino de Dios".

—LUCAS 9:62

S ABEMOS QUE PUEDE SER DOLOROSO EXTIRPAR LAS RAÍCES. Lo fácil es concentrarse en lo superficial, mantener el *statu quo*. Lo fácil es evitar el cambio. Porque hay dolor asociado al hecho de elevarse.

Es incómodo sincerarse y ocuparse de la verdad de estos asuntos. Puede ser incómodo tener que perdonar una ofensa cuando la culpa es del otro. Es duro admitir a veces: "Me estoy aferrando a la amargura o estoy a la defensiva por mi inseguridad".

"No me llevo bien con los demás porque arrastro un pesado equipaje del pasado". Además, no te sorprendas si al quitar las primeras capas de la superficie y al sincerarte, sientes cierta presión. Por favor, comprende que la sensación desagradable es solo temporaria. Es el dolor del crecimiento. Una vez que pases ese punto, seguirás elevándote hacia un nuevo nivel de victoria. El dolor del cambio es mucho menor que el dolor de permanecer en la mediocridad.

Tal vez estés como el auto atascado en el barro, con las ruedas que giran en falso, girando en círculos año tras año sin ser feliz de verdad. Necesitas sincerarte y decir: "Dios, muéstrame qué es. ¿Estoy dependiendo de otros para poder ser feliz? ¿Tengo expectativas que no son realistas? ¿Solo podré ser feliz si me caso? ¿Permito que mis circunstancias me hundan? Dios, muéstrame la verdad con respecto a mí".

Hablé con un hombre hace poco. Me dijo que cada vez que se tomaba tiempo para disfrutar de la vida se sentía culpable. Se sentía condenado como si hiciera algo malo. Con los años, se volvió demasiado absorto en su trabajo. Era adicto al trabajo y no se tomaba tiempo para sí, para su familia.

Irónicamente, tanta dedicación al trabajo provenía también de una sensación de culpa. Su vida carecía de equilibrio. Así vivió durante varios años. Pero un día decidió sincerarse y permitir que Dios entrara en esa habitación de su corazón. Dijo: "Dios ¿por qué me siento así? ¿Por qué me siento culpable, cuando lo único que quiero es salir y divertirme y disfrutar el tiempo que comparto con mi familia?".

....

Duele mucho menos cambiar que permanecer en la mediocridad.

....

Empezó a darse cuenta de que cuando era pequeño su padre fue demasiado estricto. Venía de una familia militar y no permitía diversión en la casa. Todo era serio. No conocía lo que era una infancia normal.

Le enseñaron a trabajar, a ser serio y a no dedicar casi nada de tiempo al juego. Ahora, adulto, vio que se volvió igual a su padre. Esos pensamientos, esas actitudes, esos hábitos eran lo que aprendió desde pequeño. No es que estuvieran bien, sino que era lo único que conocía. Cuando reconoció dónde estaba la raíz, pudo romper con ese peso y realmente empezó a disfrutar de su vida.

Quizá provengas de una situación de abusos. Tal vez alguien te lastimó mucho o quienes te criaron no eran amables o alguien con quien tenías una relación abusó de ti y te utilizó. Tomaron malas decisiones y ahora te enfrentas con las ramificaciones de todo eso. Por favor, no permitas que eso se convierta en excusa. Puedes ir más alto. Puedes establecer un nuevo parámetro.

Oración de hoy para alcanzar lo mejor de ti

Padre, me alegro de poder hablar contigo sobre la raíz de los problemas. Por favor, en esos momentos de quietud, muéstrame los problemas en los que quieres obrar en mi vida.

Pensamiento de hoy para alcanzar lo mejor de ti

Puedo llegar más alto. ¡Puedo establecer un nuevo parámetro!

Séptima parte

MANTÉN VIVA TU PASIÓN POR LA VIDA

Anticipa las bendiciones de Dios

Pasaje para que alcances lo mejor de ti: Salmo 91:1-16

Podrán caer mil a tu izquierda, y diez mil a tu derecha, pero a ti no te afectará.

—SALMO 91:7

S I QUIERES LLEGAR A SER LO MEJOR DE TI, ES IMPORTANTE QUE te pongas en acción como corresponde, además de tener fe. No basta con creer, por muy importante que sea la fe. Tenemos que ir más allá y comenzar a esperar. Mientras esperamos las cosas buenas de Dios, tenemos que hacer planes. Tenemos que hablar lo que oramos como si fuera a acontecer. Debemos atrevernos a dar un paso en fe y a actuar como si fuera a suceder.

Cuando una pareja espera un bebé hacen todo tipo de preparativos. ¿Por qué? Porque el niño o niña viene en camino. De hecho, en las primeras etapas del embarazo ni siquiera vieron al bebé, ni lo tocaron. Sin embargo tienen fe en lo que el médico les dice y empiezan a preparar todo.

Dios puso sueños en los corazones de cada uno de nosotros. Todos tenemos cosas, por las que sentimos esperanza, quizá para vencer una enfermedad, para saldar las deudas o para concretar un sueño. La clave, sin embargo, está aquí: tenemos que ir más allá de la fe. La verdadera fe pone acción.

Si estás enfermo tienes que a hacer planes para mejorar y recuperarte. Si tienes dificultades económicas, haz planes para prosperar. Si tu matrimonio se tambalea, haz planes para ver restaurada esa relación. Pon tu fe en la primera línea.

Muchas veces decimos que creemos en Dios para que suceda algo bueno pero con nuestras acciones hacemos todo lo contrario. Tu fe obrará en una u otra dirección, positiva o negativa. Conozco personas que planean engriparse. En la tienda, los oigo prediciendo el futuro: "Bueno, es la temporada de la gripe. Mejor compro medicinas por si acaso. Después de todo, el año pasado fue malo. Tuve suerte al no enfermarme pero quizá este año sí enferme". Hablan como si fuera cosa segura que enfermarán de gripe. Y van todavía más allá, actuando según su fe negativa al comprar la medicina. No es de extrañar que semanas más tarde tengan gripe. Su fe funcionó, aunque de manera negativa. Esperaban la gripe, se prepararon y enfermaron. Recuerda que tu fe funcionará en una u otra dirección.

Por favor, no me malinterpretes. Es prudente ser precavido. Todos tenemos medicinas en casa. Pero no creo que debamos correr a la farmacia cada vez que un comercial en televisión nos anuncia que llegó la temporada de la gripe.

Es gracioso, pero ponemos más fe en esos comerciales que en lo que dice Dios. Me gusta mucho lo que dicen los Salmos: *"Caerán a tu lado mil, y diez mil a tu diestra; mas a ti no llegará".*

Quizá todos mis compañeros de trabajo enfermen de gripe y también todos en la escuela, pero creo que Dios puso alrededor de mí un cerco de protección y permaneceré en la fe y no haré planes para contraer esta enfermedad.

Si escuchamos las noticias durante un rato y observamos lo que dicen todos los estudios, casi todos nos convencen de tener enfermedades cardíacas, colesterol elevado, diabetes y todo tipo de dolencias. "Bueno, ya sabes lo que dicen: una de cada cuatro personas tiene cáncer", me señaló un amigo pesimista hace unos días.

....
Tu fe funciona en ambas direcciones.
....

Es posible que así sea, pero creamos que somos de los tres que no se enferman, en lugar de ese que sí tiene cáncer. Es igual de fácil creer en lo positivo que en lo negativo. Comienza a hacer planes para una vida larga y saludable.

Cuando te enfermes, porque todos enfermamos de tanto en tanto, no abandones y empieces a hacer planes para vivir enfermo para siempre. He oído decir a algunos: "Estoy aprendiendo a vivir con mi artritis. Estoy aprendiendo a vivir con mi alta presión arterial".

No te equivoques. No es tu artritis, ni tu presión elevada. Deja de apropiarte de la enfermedad y empieza a hacer planes para tu recuperación. Nuestra actitud tiene que ser: esta enfermedad no vino para quedarse. Vino para pasar. Di cosas como: "Sé que con larga vida Dios me llenará. Lo declaro por fe. Estoy recuperándome día a día".

Oración de hoy para alcanzar lo mejor de ti

Padre, percibo que tengo más esperanza. Y sé que tengo libertad para poder hacer planes sobre tus bendiciones futuras por las cosas que tú prometiste.

Pensamiento de hoy para alcanzar lo mejor de ti

Por fe reclamo la bendición de Dios de antemano.

Fe del ahora

Pasaje para que alcances lo mejor de ti: Mateo 6:25-34

Por lo tanto, no se angustien por el mañana, el cual tendrá sus propios afanes. Cada día tiene ya sus problemas.
—MATEO 6:34

NO DEJES DE SOÑAR. MANTÉN LA VISIÓN DELANTE DE TUS ojos. Un amigo mío sufrió un accidente en el que sus dos piernas quedaron casi destrozadas. El médico dijo que si llegaba a caminar de nuevo era pura suerte, pero por cierto le advirtió que no volvería a hacer deportes o correr. Mi amigo se sintió muy desalentado. Pero después de sus tres meses en el hospital, lo primero que hizo al salir fue inscribirse en un club. Dio un paso de fe.

El hecho es que no pudo ir al club durante más de un año. Estaba demasiado débil. Pero decidió que no iba a quedarse de brazos cruzados, sentado en esa silla de ruedas. Planeaba para volver a caminar. Pasaron cinco años, y hoy este hombre puede correr más rápido que yo. Venció. ¿Qué pasó?

Es que hizo planes para elevarse por encima de sus lesiones. Muy bien, no permitió que las palabras negativas del médico penetraran en su corazón y le convencieran de que tenía que abandonar su sueño y conformarse con la mediocridad. Sin embargo, le creyó a Dios y empezó a hacer planes para estar bien de nuevo.

· ·

La fe siempre es en tiempo presente.

· ·

Es posible que te pasaran cosas negativas o alguien dijo algo negativo. No permitas que eche raíz. Sigue creyendo en lo bueno. Y recuerda que la fe siempre es en el ahora. Levántate por la mañana

y di: "Padre, gracias porque ahora mismo estás obrando en mi vida.
Gracias porque en este momento estoy sanando. Ahora mismo las
cosas están cambiando en mi favor". Sigue en el ahora. La fe siempre
es en tiempo presente.

Oración de hoy para alcanzar lo mejor de ti

*Padre, gracias porque en este mismo momento estás obrando en
mi vida. Gracias porque en este mismo momento estoy mejorando.
En este momento las cosas están cambiando a mi favor.*

Pensamiento de hoy para alcanzar lo mejor de ti

*Dios está presente aquí conmigo en este
instante, ansiando expresar su amor.*

Legado fiel

Pasaje para que alcances lo mejor de ti: Deuteronomio 34:1-12

Moisés tenía ciento veinte años de edad cuando murió. Con todo,
no se había debilitado su vista ni había perdido su vigor.
—DEUTERONOMIO 34:7

L A ABUELA OSTEEN, LA MADRE DE MI PADRE, ERA UNA MUJER
vivaz. Era muy pequeña, medía como un metro y medio nada
más, pero su fe era muy grande. Una vez, mayor de edad, fue a ver al
médico, quien le dijo: "Lo siento Sra. Osteen, pero está en la etapa
inicial del mal de Parkinson".

Bueno, la abuela Osteen no sabía lo que era eso pero lo que sí sabía era que no tendría nada que ver con ello. Se puso muy seria y dijo:
"Oiga, doctor. Eso no lo tendré. Me niego a tenerlo porque ya estoy
demasiado vieja como para eso".

Volvió a su casa y jamás tuvo mal de Parkinson. Siguió con lo que
hizo siempre: planeando una vida larga y sana. No permitió que las
palabras negativas echaran raíz.

Sé que no podemos echar fuera lo malo con desearlo y que hasta
a veces ni con la oración podremos hacer que desaparezca. Pero podemos decidir qué planes haremos. Podemos planear la vejez, la enfermedad o una vida larga, sana, bendita y próspera.

¿Qué planes tienes hoy? ¿De enfermedad? ¿O de divina salud?
¿De sobrevivir apenas o de recibir bendición? ¿De quedarte donde estás o de ir más alto y concretar tus sueños? Planeamos las cosas según
cómo actuemos o dejemos de actuar.

En La Biblia hay una historia interesante. Es sobre una viuda cuyo
esposo murió sin dejarle nada de dinero. Los acreedores vinieron para
llevarse a sus dos hijos como forma de pago. Lo único que tenía la

mujer como objeto de valor era una pequeña vasija de aceite. Eliseo, el profeta, llegó a su casa y le dijo que hiciera algo inusual: "Ve a ver a todos tus vecinos y recoge todas las vasijas vacías que puedas conseguir, todas las que puedas usar para contener aceite". Y le dijo específicamente: "No traigas solo unas pocas. Trae todas las que consigas".

. . . .

Planeamos las cosas según cómo actuemos o dejemos de actuar.

. . . .

Sin duda, en lo natural parecía que la mujer perdía su tiempo. Pero Eliseo sabía que debía ayudarla a dirigir su fe en la dirección correcta. Había pasado mucho tiempo preparándose para la derrota y ahora él trataba de prepararla para la victoria. La mujer consiguió todo tipo de contenedores vacíos, los llevó a casa y Eliseo le dijo que vertiera el aceite que tenía en una de esas vasijas. Al principio parecía que solo vaciaría el aceite de un contenedor a otro.

Sin embargo, La Biblia nos cuenta que el aceite no se terminaba nunca. Seguía llenando contenedores, uno tras otro. Dios multiplicó el aceite de manera sobrenatural y llenó todos los envases que consiguió. Si tenía una docena más, también los llenaba. Amigo, amiga, nosotros somos los que limitamos a Dios. Sus recursos son ilimitados. Si crees en Dios, no importa cuáles sean tus circunstancias, Él proveerá aunque falte un milagro.

Te presento un desafío. Sueña en grande para tu vida. Prepárate y haz provisión para la abundancia.

Oración de hoy para alcanzar lo mejor de ti

Padre, quiero esperar más de ti. Sé que eres digno de mis más altas expectativas. Nadie como tú para bendecir y cumplir promesas. Por eso, planifico siempre contando con tu favor.

Pensamiento de hoy para alcanzar lo mejor de ti

*Mis planes se basarán en lo mejor que Dios
tiene para mí y no me desilusionaré.*

Compondrás una melodía

Pasaje para que alcances lo mejor de ti: efesios 5:15-20

Sean llenos del Espíritu.

—EFESIOS 5:18

U NO DE LOS SECRETOS PARA LLEGAR A SER LO MEJOR DE TI, ES cantando la canción que Dios puso en tu corazón. ¡aun si no pudieras cantar como un tenor! Quiero explicártelo. Mucha gente anda por allí desalentada, negativa, permitiendo que sus problemas y circunstancias les hundan. Viven estresadas, arrastrándose cada día de la mañana a la noche, sin sentir entusiasmo o excitación por la vida.

Hay quien me dice: "Joel, tengo demasiados problemas como para poder disfrutar de la vida. La razón por la que estoy desanimada y no soy feliz es porque hay tantas cosas que me vienen en contra, todo el tiempo".

El hecho es que Dios puso un manantial de gozo dentro de cada uno de nosotros. Nuestras circunstancias serán negativas y quizá mucho no salga como lo deseamos, pero si aprendemos a recurrir a este manantial, podemos ser felices. Podemos vivir con entusiasmo a pesar de lo desfavorable en nuestras vidas.

Una de las claves está en Efesios 5.18. Dice: *"Sean llenos del Espíritu"*. Observa que no te llenas del Espíritu una sola vez y luego vives feliz para siempre. Las Escrituras nos mandan a llenarnos del Espíritu, lo cual significa que lo hacemos una y otra vez. ¿Cómo lo hacemos?

El siguiente versículo lo dice: *"Anímense unos a otros con salmos, himnos y canciones espirituales. Canten y alaben al Señor con el corazón"*. Entonces, la forma en que mantendrás tu vida con gozo, la forma en que vencerás las presiones, es manteniendo un canto de alabanza en tu corazón.

A lo largo del día deberíamos cantar, si no es en voz alta, al menos hacia dentro, permitiendo que el himno de alabanza dance en nuestras mentes. Quizá no pronuncies en voz alta las palabras, sí con música.

Puedes expresar gratitud con tu actitud, pensando en la bondad de Dios. Y hasta puedes tararear por debajo de la melodía. Es tan sencillo como silbar mientras trabajas. Pero a lo largo del día, cantas en tu corazón, diciéndote: "Señor, gracias por este día. Gracias porque estoy vivo y tengo salud".

· ·

La Biblia nos dice "Sean llenos".

· ·

Al hacer esto, estás llenándote por dentro y Dios te da más fuerzas. Vuelve a llenarte de gozo y de paz. Las mismas cosas que tantas veces se agotan a causa del estrés, el desaliento y los rigores del día a día son las que Dios quiere refrescar y renovar en tu vida. Cuando continuamente cantas aquel cántico de alabanza, puedes volver a llenarte mucho más rápido de lo que te vacía la vida, con el precio que debes pagar en estrés, tensiones y frustraciones. Así es como permanecemos llenos del Espíritu.

"Bueno, fui a la iglesia el domingo" me dijo Mike. "Y leo mi Biblia antes de ir a trabajar ¿no basta con eso?".

¡No! Este es un proceso continuo. Ser llenos del Espíritu implica que debemos formar el hábito de rellenarnos a lo largo del día y en especial en esos días difíciles.

Piensa en tu infancia, cuando alguien te daba un globo lleno de gas helio para tu cumpleaños. Durante unos días el globo seguía en lo alto, brillante y bello. Sostenido por el hilo y bailando con la brisa. Si lo soltábamos el globo se iba, alto, más alto. Pero si lo conservábamos, a los pocos días comenzaba a encogerse cada vez más y más débil. Y día a día el globo bajaba un poco más hasta que por fin quedaba desinflado en el suelo. Sin vida ni atractivo y por supuesto perdiendo el potencial de ir más alto.

Irónicamente, lo único que tenemos que hacer es volver a inflar esos globos, dándoles un nuevo comienzo al llenarlos con gas helio.

Si lo hacemos los globos durarían meses, dando alegría y diversión a todo quien los mirara.

El mismo principio aplica a nuestras vidas. A lo largo del día, no importa cuán llenos estemos al comenzar, vamos perdiendo fuerzas, como si fuera una gotera causada por la presión o el estrés. La vida es así. Quedas atascado en el tráfico y allí pierdes un poquito de helio. Descubres que no conseguiste ese contrato que esperabas y pierdes un poco más de helio de tu globo. Llegas a casa al final del día y descubres que tu hijo no se siente bien y tendrás que ocuparte de eso. El perro rompió la bolsa de basura y tienes que limpiar el lío. Tu globo va perdiendo la forma. La única manera de permanecer lleno, manteniendo tu gozo y tu paz, es con un canto de alabanza en tu corazón.

Oración de hoy para alcanzar lo mejor de ti

Padre, gracias por este día. Gracias por mi vida y mi salud.
Gracias por enseñarme a vivir más cada día contigo.

Pensamiento de hoy para alcanzar lo mejor de ti

Bienvenido, Espíritu Santo, a cada momento de este día.

Melodía que sonríe

Pasaje para que alcances lo mejor de ti: Salmo 4:6-8

Tú has hecho que mi corazón rebose de alegría, alegría mayor que la que tienen los que disfrutan de trigo y vino en abundancia.

—SALMO 4:7

M E PREGUNTO CUÁNTO MÁS DISFRUTARÍAMOS DE LA VIDA, SI lleváramos en el corazón la melodía de Dios. ¿En qué cambiaría tu actitud y la mía, si no nos tomáramos las cosas tan en serio? ¿Si nos negáramos permitir que todo inconveniente nos deprimiera por dos semanas? ¡Qué diferente y mejor sería la vida, si tuviéramos siempre en el corazón, una melodía de alabanza!

Es posible que hayas notado que no sonríes tanto. Que no te ríes como antes. Permitiste que las cargas de la vida te abrumen. Quizá te conformas con sobrevivir, sin disfrutar de verdad. No tienes el fuego, el entusiasmo que antes tenías.

Todo esto puede cambiar. Pero hace falta que tomes una decisión. Tienes que formar nuevos hábitos. Ante todo, el hábito de sonreír, a propósito. "Es que no tengo ganas de sonreír. Tengo muchos problemas, me pasan tantas cosas feas", me dirás.

No. A veces tendrás que sonreír por fe nada más. Si sonríes por fe, el gozo vendrá solo. La sonrisa envía a tu cuerpo un mensaje de que todo está bien. Al sonreír liberas sustancias químicas en tu organismo que te hacen sentir mejor. Y además, cuando sonríes tendrás más del favor de Dios.

Esto te ayudará en tu profesión, en tus relaciones. Hay estudios que demuestran que las personas que sonríen y son amables, las personas con actitud agradable, tienen más éxito que las que son solemnes y serias, poco agradables con los demás.

....

Adopta el hábito de sonreír a propósito.

....

Alguien dijo que la sonrisa vale un millón de dólares. Si no la usas, te perjudicas a ti mismo. "Joel, no creo que importe si sonrío o no". A Dios le importa. En Las Escrituras, nos lo dice cincuenta y tres veces. Cuando sonríes no solo te haces un bien a ti mismo, sino que das buen testimonio a los demás. Los demás querrán esa felicidad que tienes. Hablar de tu fe está bien, pero mucho mejor es vivirla. Uno de los mejores testimonios que podemos dar es ser felices, sonreír, ser amables y agradables con todos.

Oración de hoy para alcanzar lo mejor de ti

Padre, ¡gracias por las muchas razones que tengo para sonreír! Con solo anticipar lo que tú puedes hacer en mi vida y en las vidas de mis seres amados, mi corazón se llena de gozo y mis labios sonríen.

Pensamiento de hoy para alcanzar lo mejor de ti

El conocimiento del favor y el carácter de Dios provocan sonrisas.

Decide cantar

Pasaje para que alcances lo mejor de ti: Romanos 8:31-39

Sin embargo, en todo esto somos más que vencedores por medio de aquel que nos amó.

—ROMANOS 8:37

DECLARA HOY MISMO: "NO PERMITIRÉ QUE OTRO PROBLEMA, circunstancia u otra persona me impidan alabar a Dios. Voy a bendecir al Señor en todo momento. Voy a recuperar mi canción".

Reconozco que los problemas son reales y que a veces la vida es muy difícil. Pero después de pasar por este problema, de solucionar este lío, siempre habrá otro más. Tendrás que ocuparte de otro problema, nuevo. Y si esperas que desaparezcan todos tus problemas antes de decidir ir en busca de tu canción para recuperarla, te perderás el gozo de la vida.

El apóstol Pablo pasó por todo tipo de dificultades y obstáculos. Pero dijo: "En todas estas cosas somos más que vencedores". Observa que no dijo: "Cuando terminen estas dificultades podré ser feliz". ¡No! "En medio de esta adversidad, disfrutaré de mi vida de todas maneras".

. . . .

Si esperas que desaparezcan todos tus problemas antes de decidir ir en busca de tu canción para recuperarla, te perderás el gozo de vivir.

. . . .

Número uno: forma el hábito de sonreír a propósito. Número dos: revisa tu postura. Asegúrate de andar erguido, echando los hombros atrás, con la cabeza bien alta. Eres hijo o hija del Dios altísimo.

No tienes por qué andar con los hombros caídos, sintiéndote feo, débil, inferior y poco atractivo.

La Biblia dice: "Somos embajadores en nombre de Cristo". Esto significa que representas a Dios todopoderoso. Represéntale bien. Aun la gente buena y cristiana a veces cae en el mal hábito de andar con la cabeza gacha y los hombros caídos.

Cuando haces esto, subconscientemente comunicas una imagen de falta de confianza, de falta de autoestima. Tienes que echar los hombros atrás, levantar la cabeza y comunicar fuerza, determinación y confianza. En lo subconsciente estarás diciendo: "Me enorgullece ser lo que soy. Sé que Dios todopoderoso me creó a su imagen. Sé que soy la niña de los ojos de Dios".

Oración de hoy para alcanzar lo mejor de ti

Gracias, Padre, por la canción que tú me diste. Puedo cantar acerca de lo que tú hiciste por mí, pase lo que pase alrededor. Tú hiciste que sea posible el gozo en todo momento de la vida.

Pensamiento de hoy para alcanzar lo mejor de ti

Soy embajador/a de Cristo, hijo/a del Rey.

Anticípalo

Pasaje para que alcances lo mejor de ti: Santiago 5:7-12

Por tanto, hermanos, tengan paciencia hasta la venida del Señor.
Miren cómo espera el agricultor a que la tierra dé su precioso fruto
y con qué paciencia aguarda las temporadas de lluvia.

—SANTIAGO 5:7

S E NOS PASA GRAN PARTE DE LA VIDA ESPERANDO. HAY UNA forma correcta de esperar y también una forma incorrecta. Muchas veces cuando las cosas no suceden, cuando lo deseamos, nos deprimimos y desalentamos. Aunque tengamos la promesa en el corazón, renunciamos y nos conformamos con el *statu quo*. Creo que es porque no esperamos como deberíamos esperar.

La Biblia dice: "ten paciencia". Observa que no dice "ten paciencia si..." como si te condicionaran. El pasaje luego dice: "Mirad cómo el labrador espera el precioso fruto de la tierra, aguardando con paciencia". Esa es la clave: tenemos que esperar con paciencia. No se supone que nos sentemos a pensar: "Jamás cambiará mi situación. Oré y creí, pero no veo cómo saldré de este embrollo".

Esperar con paciencia, significa esperar con esperanza, siendo positivos. Es levantarse por las mañanas esperando lo bueno. Tendremos problemas, pero sabiendo que este seria el día en que Dios dé vuelta la situación. El día en que llegará la solución que necesito.

Esperar no tiene que ser algo pasivo. Esperar como debemos significa estar atentos. Hablar como si lo que creemos ya está a punto de suceder. Actuar como si ya fuera a suceder. Preparándonos.

....

Tenemos que esperar con expectativa.

....

Si esperas a alguien para la cena, no esperas a que llame a la puerta para preparar la comida. Lo más probable es que empieces desde temprano. Te aseguras de que la casa esté limpia. Vas a hacer las compras el día anterior y hasta quizá compres flores para la mesa y pases por la panadería a comprar tu postre favorito, bajas calorías, claro está. Te preparas de antemano. ¿Por qué? Porque esperas a alguien.

Tenemos que actuar de manera similar, con la misma actitud, cuando esperamos que se cumplan en nuestras vidas las promesas de Dios. No basta con orar nada más. Tenemos que actuar junto con la oración. La Biblia dice: *"La fe, si no tiene obras, es muerta en sí misma"* (ver Santiago 2.17).

Es decir que podemos creer en algo, decirlo, pero si no actuamos según nuestra fe, de nada servirá. Muchas veces creemos en algo pero con nuestras acciones demostramos lo contrario: nos preparamos para la derrota. Quizá vengas de una larga línea de divorcios en tu familia. En lugar de tener miedo al matrimonio o de temer al divorcio, tienes que planificar qué harás en tu primer aniversario de bodas, en el quinto y en el aniversario de las bodas de plata. Habla palabras de vitalidad y de vida sobre tu matrimonio. No digas: "No sé si este matrimonio sobrevivirá a las tensiones". Ni digas: "Si lo logramos, iremos en un crucero el año que viene". Líbrate de los "… si..." y empieza a decir "Cuando sea nuestro aniversario...".

Oración de hoy para alcanzar lo mejor de ti

Padre, tus promesas hacen que pueda vivir con expectativas.
Hiciste, haces y harás cosas grandiosas por mí. ¡Estoy
ansiando ver qué es lo próximo que harás!

Pensamiento de hoy para alcanzar lo mejor de ti

Tengo permiso para inclinarme hacia el favor de Dios.

Prepárate para el éxito

En realidad, sin fe es imposible agradar a Dios, ya que cualquiera que se acerca a Dios tiene que creer que él existe y que recompensa a quienes lo buscan.

—HEBREOS 11:6

VIVE EN POSITIVO, CON ESPERANZA, PREPARÁNDOTE PARA EL éxito. Tenemos que entender la diferencia entre creer y esperar con esperanza. Puedes creer en tener un niño, sin siquiera estar encinta. Pero cuando pasas de creer a esperar, estás en marcha. Cuando esperas un hijo, amoblarás el cuarto del bebé.

Comprarás ropa para el niño que todavía no llegó. Llamarás a tus amigos y parientes para decirles: "¡Mamá! ¡Papá! El niño viene en camino". Aún en la primera etapa del embarazo comienzas a hacer todo tipo de preparativos. Esto afecta tu actitud, dieta, lo que bebes, cómo hablas y cómo piensas.

Es interesante que durante unos meses dirás: "Me veo igual. No me siento diferente". No importa lo que veas o sientas. El médico te informó que viene un bebé. Y eso es todo lo que hace falta para que te prepares.

....

Hay una diferencia entre creer y esperar.

....

Tendrás que hacer algo parecido cuando Dios pone un sueño en tu corazón. Quizá una de sus promesas cobre vida en tu corazón y tu mente por primera vez, y te atrevas a creer que tu familia puede ser restaurada. Que puedes volver a estar sano. Que puedes concretar tus sueños. Lo primero que tienes que hacer es permitir que la semilla germine y eche raíz. Pero no te detengas allí. Pasa de creer a esperar.

"Lo hago, pero no veo que suceda nada", me dirás. "Mi situación económica no mejora y no veo que se abra ninguna puerta. Mi salud empeora en lugar de mejorar".

No es así. La Biblia enseña: *"porque por fe andamos, no por vista"* (2 Corintios 5.7). Si puedes ver todo lo que sucede, no te hace falta la fe. Pero cuando no tienes de dónde asirte en lo natural y empiezas a actuar como si La Palabra de Dios se cumpliera, positiva y con esperanza, entonces pones acción detrás de tu fe y esto llama la atención de Dios. Esto es lo que hace que Él obre de manera sobrenatural en tu vida. ¿Qué pasó? Que pasaste de creer a esperar.

Oración de hoy para alcanzar lo mejor de ti

Cuando las cosas no suceden al instante, padre, quiero seguir confiando en ti. Quiero aprender a andar por fe y no por vista y quiero que me enseñes a vivir así. Gracias porque siempre quieres lo mejor para mí.

Pensamiento de hoy para alcanzar lo mejor de ti

Hoy sé que Dios hará algo maravilloso

Acción en oración

Pasaje para que alcances lo mejor de ti: 2 Corintios 5:1-7

Vivimos por fe, no por vista.

—2 CORINTIOS 5:7

CUANDO NO ACTÚAS SEGÚN TU FE, NO LLAMAS LA ATENCIÓN de Dios. ¿Por qué no das un paso de fe, plantas una semilla y haces algo que te indique e indique a los demás que estás haciendo planes para tu éxito?

Es posible que estés ante una enfermedad o que te dieran una mala noticia con respecto a tu salud. Bueno, no empieces a planificar tu funeral. No te quedes deprimido y pensando en toda la otra gente que muere de esta enfermedad. Empieza con los preparativos para tu recuperación.

Cuando mi padre se preparaba para su operación de corazón a cielo abierto, la situación era grave. Los médicos no daban garantías de que las cosas salieran bien.

En lugar de sentarse a llorar en derrota mi padre hizo que le lleváramos sus zapatillas de tenis y su ropa de gimnasia al hospital y las puso junto a su cama. Los hechos decían que no iba a poder correr en el corto plazo. Pero cada día, mientras se recuperaba, miraba sus zapatillas. En su mente estaba diciendo: pronto estaré corriendo de nuevo. Un día estaré sano otra vez. Fuerte. Estaba regando su semilla, viviendo con esperanza y expectativa y esto le daba fuerzas para seguir adelante.

La Biblia dice: *"Los que esperan a Jehová tendrán nuevas fuerzas"* (ver Isaías 40:31). La Versión Amplificada, amplía lo que significa "esperar a Jehová". Dice: *"Los que esperan, que buscan y tienen esperanza en Él"*.[1] ¿Qué sucedería si viviéramos con expectativa, esperanza y nos preparáramos para la bondad de Dios?

. . . .

Cuando actúas según tu fe llamas la atención de Dios.

. . . .

Las Escrituras dicen luego: "Levantarán alas como las águilas; correrán y no se cansarán; caminarán y no se fatigarán". Es decir que no permanecerás allí abajo y vencerás las dificultades de la vida.

Si te levantas por la mañana esperando que Dios dé vuelta tus problemas para bien, si puedes mantenerte con esperanza y positivo, entonces Dios promete que te dará una fuerza sobrenatural que hará que te eleves como las águilas.

Recuerda, sin embargo, que necesitas poner en acción tus oraciones. Es posible que estés orando y creyendo y eso es bueno. Pero no te quedes allí. Sigue avanzando más cerca de Dios, ve más profundo, no solo a la fe en que Dios puede hacer algo en tu vida, sino esperando que Dios haga cosas grandiosas en ti, por ti y a través de ti.

Decide que pasarás de creer a esperar y a recibir. Pon acción detrás de tu fe. No podemos ser pasivos y recibir lo mejor de Dios. Porque cuando realmente estamos a la expectativa, siempre permanecemos atentos a las oportunidades. Hacemos todo lo que podemos por concretar nuestros sueños. Dios tiene entonces una invitación abierta para derramar su favor en nuestras vidas.

Oración de hoy para alcanzar lo mejor de ti

Padre, gracias por aclarar mis sueños y alentar mis expectativas.
Ayúdame a planificar y prepararme para lo que tú hagas en
mí y a través de mí. Quiero vivir con activa expectativa.

Pensamiento de hoy para alcanzar lo mejor de ti

Hoy daré un paso de fe, basándome en mi expectativa de alcanzar el éxito.

Vive con pasión

He peleado la buena batalla, he terminado la carrera, me he mantenido en la fe.

—2 TIMOTEO 4:7

S I QUIERES LLEGAR A SER LO MEJOR DE TI, ES IMPRESCINDIBLE que aprecies las cosas buenas que Dios ha hecho por ti. Mucha gente perdió su pasión por la vida. Perdieron el entusiasmo. En algún momento estaban excitados con sus sueños. Se levantaban cada día con propósito y con pasión. Pero ahora, a causa del tiempo que pasó, a causa del desánimo y las presiones de la vida, no sienten entusiasmo. Han perdido el fuego.

En algún punto quizás estuvieras animado por la persona con quien te casaste. Enamorado y apasionado, pero ahora la relación se enfrió, se agrió. Estás sólo cumpliendo con la rutina de la vida, levantándote, yendo a trabajar, volviendo a casa. Sin embargo Dios no quiere que vivamos así.

Tenemos que levantarnos cada día con entusiasmo, excitados ante un nuevo día. Agradeciendo que estamos vivos y agradecidos por las oportunidades que nos esperan, por las personas que hay en nuestras vidas.

Si entendemos que la mayor parte de la vida tiene que ver con la rutina, todo se estancará si lo permitimos. Puedes tener el trabajo más excitante y aburrirte al hacerlo. O puedes estar casada con un hombre cariñoso y bueno, pero si no alimentas esa relación y pones algo en ella con el tiempo se estancará también. Tenemos que esforzarnos para que todo siga fresco, porque no sucede automáticamente. Tenemos que azuzarnos cada día. El apóstol Pablo le dijo a Timoteo:

"Aviva tu llama". Le estaba diciendo: "Timoteo, no dejes que se apague tu fuego. Mantén tu entusiasmo por la vida. Por tus sueños".

Quizá te cueste sentir excitación por tu vida, pero no dejes que muera tu esperanza. Es posible que quede una brasa pequeña, que la llama no esté encendida y te encuentres a punto de renunciar a alguno de tus sueños. O quizá en tu relación, no sientes entusiasmo.

Sin embargo, la buena noticia es que el fuego todavía está y si avivas la llama volverá a encenderse junto con la pasión. Esto significa que en lugar de arrastrarte, encontrando razones para ser infeliz, tendrás que cambiar tu enfoque. Deja de ver todo lo que está mal en tu vida y empieza a agradecer lo que está bien.

Tu actitud debe ser: "No voy a vivir deprimida, derrotada. Mis sueños quizá no se concretaron y hay obstáculos en mi camino, pero sé que Dios está al mando. Sé que tiene reservadas grandes cosas para mí, así que todos los días voy a despertar sintiendo entusiasmo por mi vida".

....

Deja de ver todo lo que está mal en tu vida y
empieza a agradecer lo que está bien.

....

Tal vez no todo sea perfecto en tu vida, pero si no aprendes a ser feliz con lo que tienes jamás llegarás a tener más. Tal vez no tengas el empleo perfecto pero puedes agradecer a Dios que tienes trabajo. Hay gente que quisiera tener lo que tú tienes.

Aviva tu llama y ve a trabajar con nuevo entusiasmo. No te arrastres, con cara larga, desperdiciando la mitad del día jugando en Internet. Dale a tu empleador tu cien por ciento. Trabaja con todo tu corazón, dando lo mejor de ti. Mantén tu pasión. Quizá todos los demás aminoren la marcha y tengan una actitud amarga. Pero tú no eres todos los demás. Eres hijo o hija de Dios altísimo. No formes parte del problema, sino de la solución.

Oración de hoy para alcanzar lo mejor de ti

Padre, no voy a vivir en derrota y depresión. Mis sueños no se
concretaron aun y hay obstáculos en mi camino pero sé que tú estás
al mando. Sé que tienes reservadas grandes cosas para mí, de modo
que me levantaré cada mañana sintiendo entusiasmo por mi vida.

Pensamiento de hoy para alcanzar lo mejor de ti

Hoy, cada vez que suceda algo bueno puedo darle gracias a Dios.

¡Atrápalo!

Pasaje para que alcances lo mejor de ti: Romanos 12:9-16

Nunca dejen de ser diligentes; antes bien, sirvan al Señor con el fervor que da el Espíritu.

—ROMANOS 12:11

EL ENTUSIASMO ES CONTAGIOSO. SI ENTRAS EN TU LUGAR DE trabajo con una sonrisa, lleno de vida, de gozo, de victoria, pronto contagiarás a los demás. Y el lugar llegará a un nuevo nivel gracias a ti.

La Biblia dice: "Nunca dejen de ser diligentes; antes bien, sirvan al Señor". ¿Te levantas cada mañana sintiendo pasión por tus sueños? ¿Estás agradecido por el hogar donde vives?

"Oh, vivo en un apartamento pequeño" me dirás. "No me gusta. Quiero una casa más grande".

No digas eso. Tienes que aprender a vivir feliz donde estés. Entiéndelo, deshonramos a Dios cuando nos quejamos y pensamos siempre en todo lo malo que hay en nuestras vidas. Es posible que no estés en la casa de tus sueños, pero al menos agradece a Dios que tienes techo. No vives en la calle, expuesto al frío y la lluvia.

"Con mi esposo no tenemos nada en común. No nos llevamos bien". Bueno, tal vez no sea el esposo perfecto. Pero puedes agradecer a Dios que al menos tienes a quien amar. ¿Sabes cuánta gente vive en soledad? Lo creas o no, a alguna otra mujer le encantaría tener a tu marido. Agradece a Dios por ese hombre. Si eres hombre, agradece a Dios por tu esposa.

. . . .

Cada día es un regalo de Dios.

. . . .

Necesitamos reconocer que cada día es un regalo de Dios. ¡Qué lástima es vivir siquiera un día con mentalidad de derrota, sumidos en lo negativo!

Por cierto, tendremos obstáculos y desafíos por vencer. Pero nuestra actitud tiene que ser: "Gracias Dios porque estoy vivo. Vivo en un lindo país, tengo familia y tengo oportunidades. Así que voy a aprovechar este día al máximo y lo disfrutaré".

"Joel, lo haría, pero acabo de enterarme de que la semana que viene trabajo más horas. Tengo que salir de viaje por negocios. Tengo que cuidar a los chicos todo el día".

Te equivocas. No tienes que hacer nada. ¡Recibes! Dios es quien te da aliento. No trabajarías hasta tarde la semana entrante si Dios no te abriera la puerta de la oportunidad. Tienes que cambiar tu perspectiva. No hagas cosas por obligación, porque tengas que hacerlo. Hazlo todo con actitud de gratitud. Es decir: "No tengo que ir a trabajar hoy. Voy porque recibí trabajo". "No es que tengo que cuidar a esos niños. Lo hago porque son una bendición". "No tengo que dar. Recibo la oportunidad de dar".

La Biblia dice: *"¿Están ustedes dispuestos a obedecer? ¡Comerán lo mejor de la tierra!"* (ver Isaías 1:19). Está bien ser obediente. Es bueno. Es mejor que no serlo. Pero si realmente quieres lo mejor que Dios tiene para ti, tendrás que ser más que obediente. Tendrás que estar dispuesto y querer hacerlo. Tienes que hacerlo con la mejor actitud.

Por ejemplo, es bueno dar porque hay que hacerlo. Pero es mejor dar porque uno quiere. Es bueno ir a trabajar para que te paguen. Pero es mejor ir a trabajar porque eres de bendición para alguien. Es bueno seguir casado porque es lo correcto. La gente te miraría mal si no lo hicieras. Pero mejor es seguir casado y tratar bien a tu cónyuge, con respeto, honor y ayudándose mutuamente a llegar más alto. Eso es obedecer y estar dispuesto. Cuando haces lo correcto por el motivo correcto no hay límite para lo que Dios hará en tu vida. Es importante que vayamos más allá de la mera obediencia.

Es fácil obedecer. Cualquiera puede hacerlo. Pero para llegar a ser lo mejor de ti, da un paso más allá y decide que te dispondrás a hacer lo correcto con buena actitud.

Oración de hoy para alcanzar lo mejor de ti

Gracias, padre, por el don del entusiasmo. Cuando recuerdo que tú creas cada día y me invitas a vivirlo en plenitud, siento nueva energía. ¡Siento entusiasmo por caminar contigo en este día!

Pensamiento de hoy para alcanzar lo mejor de ti

El entusiasmo es una de las formas en las que digo "Gracias, Señor".

Rodeados por los milagros

Pasaje para que alcances lo mejor de ti: 1 Corintios 2:1-12

Ningún ojo ha visto, ningún oído ha escuchado, ninguna mente humana ha concebido lo que Dios ha preparado para quienes lo aman.

—1 CORINTIOS 2:9

LOS MILAGROS NOS RODEAN. LA GENTE EN TU VIDA, LAS PUERtas que Dios te abrió, las cosas que sucedieron, nada de esto es por accidente. Fue el favor de Dios lo que hizo que estuvieras en el lugar indicado en el momento justo. Conociste a alguien y te enamoraste. O solicitaste un préstamo para esa casa y sabes que no te lo concedían de no mediar la bondad de Dios. O tal vez, inesperadamente recibiste un aumento de salario, un ascenso, nada de eso es coincidencia. Dios guiaba tus pasos, así que no des nada de esto por sentado.

. . . .

Nos rodean los milagros.

. . . .

¿En qué centras hoy tu mirada? ¿Estás tratando de llegar a ser lo mejor de ti? ¿Hay paz en tu hogar, en tu mente, en tu corazón? ¿Estás feliz, reposando, disfrutando de la vida? Tenemos que darnos cuenta de que este día es único e irreemplazable. Tenemos que aprovecharlo al máximo, vivirlo como si fuera el último.

Conocí a un matrimonio mayor que era un gran modelo de rol porque siempre sonreían y alentaban a los demás. Todo el mundo los amaba y en especial, los más jóvenes. Después de décadas de matrimonio seguían tratándose con respeto y honor.

A los ochenta y cinco años la señora partió para estar con el Señor. En el funeral su esposo, también octogenario, contó algo interesante.

Dijo: "Hace unos quince años tuve un ataque al corazón. En el hospital mi esposa me dijo: 'Amor, esto nos muestra lo frágil que es la vida. Podrías morir. Desde ahora, cada noche antes de dormirnos quiero que nos besemos siete veces sólo para demostrarnos cuánto nos amamos y como señal de que no nos tomamos como si tal cosa'. Y entonces, durante estos últimos quince o veinte años, jamás *nos* dormimos sin antes besarnos siete veces".

¿No es grandioso esto? La mujer vivía cada día como si fuera el último. Partió para estar con el Señor el día martes, pero el lunes por la noche besó a su esposo siete veces y esa noche le dijo cuánto lo amaba. Al acabarse su vida no tenía nada que lamentar, porque hizo de cada día un día especial. Ese último día de su vida lo vivió amando, en paz, disfrutando de cada momento. Así quiero vivir yo también.

Amigo, amiga, este día es un regalo. Así que, aprovéchalo. Sacúdete todo lo que siquiera tenga indicios de autocompasión y desánimo y encuentra un motivo para agradecer.

Llegar a ser lo mejor de ti depende de cómo elijas ver la vida. No importa qué vueltas tenga la vida, siempre podrás encontrar lo bueno si lo buscas. Si tenemos la actitud correcta podremos ver que el sol brilla aunque esté nublado. Podemos permanecer llenos de gozo y mejorando aún cuando las cosas no salgan a nuestro modo.

Oro porque Dios nos dé un espíritu de gratitud, porque siempre centremos la mirada en lo bueno y jamás demos por sentado lo que la vida nos da. Si confiamos en Dios cada día y vivimos según su plan podremos ser más felices, más sanos, elevándonos por encima de todo más de lo que imaginamos.

Toma la decisión de vivir cada día con entusiasmo. Levántate por las mañanas pensando en todo aquello por lo que sientes agradecimiento. Si te hace falta, puedes anotarlo todo en una lista y mantenerla cerca para poder ir tras los sueños que Dios te da.

La Biblia nos dice: "*Poned la mira en las cosas de arriba, no en las de la tierra*" (ver Colosenses 3.2). Creo que las cosas de arriba son las positivas, así que lo primero que harás cada mañana es poner la mira en la dirección correcta. En el éxito y la victoria. En que disfrutarás del día.

Luego, elévate y déjate llevar por las corrientes de aire que Dios envía. Recuerda que tienes dentro las semillas de grandeza, que Dios no te creó para el estancamiento. Sal de la complacencia y sigue creciendo, buscando ir más alto. Tus mejores días están por venir.

No viste, ni escuchaste o imaginado las grandes cosas que Dios tiene reservadas para ti. Mientras vas extendiéndote hacia el siguiente nivel, mejorando tu vida y buscando tu máximo potencial, no sólo darás luz a nuevos sueños sino que llegarás a ser lo mejor de ti ¡mucho mejor de lo que soñaste posible!

Oración de hoy para alcanzar lo mejor de ti

Padre, reconozco que también soy un milagro. Soy producto de tu poder creativo y me creaste a tu imagen. Gracias por llenar mi vida con cosas buenas y por llenarme de tanta esperanza para el futuro.

Pensamiento de hoy para alcanzar lo mejor de ti

Dios se comprometió en hacer de mí ¡lo mejor de mí!